Chemins dangereux

Emile de Harven

Illustrations by
Joseph R. Bergeron

EMC Corporation
St. Paul, Minnesota

Library of Congress Cataloging in Publication Data

de Harven, Emile
   Chemins dangereux.

   German translation has title: Gefährliche Wege; Spanish translation has title:
Caminos peligrosos.
   SUMMARY: Follows the activities of art thieves as they travel from Paris to
Yucatan in search of pre-Columbian artifacts.
   1. French language—Readers. [1. French language—Readers. 2. Mystery
and detective stories]   I. Title.
PC2117.D423   448'.6'421   75-38836
ISBN 0-88436-260-4

Published 1976
Published by EMC Corporation
180 East Sixth Street, Saint Paul, Minnesota 55101
Printed in the United States of America
0987654

Table of Contents

Introduction

Chemins dangereux is a suspense thriller of international intrigue written in twenty short episodes. This mystery follows art thieves from the back alleys of Paris to a treacherous border crossing in Yucatan in search of valuable pre-Columbian artifacts.

The program is intended for beginning-intermediate French students. With the accompanying book, seven recordings (tapes or cassettes) and a comprehensive Teacher's Guide, the program will help the student to improve his ability to speak French and to understand it when spoken naturally by French people.

Chemins dangereux covers progressively the most common patterns of speech in everyday French. Each episode contains, besides highly motivational subject matter, useful vocabulary and conversational exchanges.

The *book* begins with a general introduction followed by the text of each episode along with the corresponding questions. Numerous illustrations help convey the particular highlight of each episode. At the end of the book is the vocabulary section listing all the words used in the episodes.

The *tapes* and *cassettes* contain dramatic reproductions of all twenty episodes, recorded by professional French actors. Background and special effects create a realistic atmosphere for the student's listening and reading pleasure. Finally, listening comprehension tests for each episode have been recorded to measure the student's understanding of the recorded sections.

This series is designed so that the student can learn and improve his French in an entertaining way and, at the same time, achieve reasonable fluency, a good pronunciation and the confidence to use his French in conversation.

EMC wishes to express their gratitude to Mrs. Marie-Rose Drouet-Adams for her invaluable creative and editorial help.

1 Un mauvais départ

Ceci est une histoire sans héros.

Notre histoire commence à Paris. Elle commence dans une maison, une grande maison dans le quartier chic de Neuilly. C'est la résidence de Monsieur et Madame Rongier, François et Catherine Rongier.

Il est neuf heures du matin; pour les Rongier, c'est l'heure du petit déjeuner.

Catherine: Café?

François: Oui, s'il te plaît. Une petite tasse.
Merci. C'est bien.

Catherine: Voici le sucre . . . Et voilà le lait.

François: Merci, ma chérie. Et maintenant, le journal . . .
Pas de grandes nouvelles aujourd'hui, je crois. . . . Page six.
"Nouvelles financières".
Ah non! Encore? Le dollar baisse encore. Et la livre sterling, bien sûr. Et l'or, oui l'or aussi baisse . . . Ah non, NON!

Catherine: Quoi? Qu'est-ce qu'il y a?

François: Les actions Super X baissent de douze francs.

Catherine: Et alors?

François: Mais c'est terrible!

Catherine: Qu'est-ce qu'il y a encore?

François: Les actions Super X baissent et tu demandes: "qu'est-ce qu'il y a encore?" Eh bien il y a, il y a. . . . J'ai des actions Super X, j'ai mille actions. Tu comprends maintenant?

Catherine: Depuis quand?

François: Depuis hier. Depuis hier après-midi. Attends . . . .Le journal dit: "Super X en difficulté. Les actions baissent. Les experts annoncent une banqueroute possible". La banqueroute? Ça alors, c'est la fin, la fin!

Catherine: Et tu as des actions Super X, et depuis hier . . . Mais tu es un idiot, un pauvre idiot. Tu dis toujours: "Je suis un génie de la finance" et puis voilà! Tu perds toujours.

François:	C'est assez. Je ne désire pas tes commentaires. Je désire du café. Une autre tasse, s'il te plaît. C'est une perte terrible, terrible. . . .
Catherine:	Je suis désolée, François, vraiment désolée; mais c'est toujours la même chose. Wall Street, La Bourse de Londres, de Paris, de Bruxelles, tu perds toujours.
François:	Mais non, ce n'est pas vrai. Pas toujours.
Catherine:	Pas toujours, mais souvent. Tu perds souvent. Aujourd'hui tu perds.
François:	Peut-être. Mais aujourd'hui c'est dur, c'est vraiment dur. C'est catastrophique.
Catherine:	C'est ta faute, tu sais. Tu fais toujours de mauvaises affaires. Et puis après tu grognes.
François:	Je grogne?
Catherine:	Oui, tu grognes en ce moment.
François:	Non, ma chérie, TOI tu grognes.
Catherine:	D'accord je grogne, je grogne parce que tu es un imbécile.
François:	Ah! Tu vois? Tu grognes et moi non. J'ai des soucis, voilà tout. Et maintenant, les autres nouvelles . . . Tiens! Qu'est-ce que c'est que ça? "Vol sensationnel. Trois Picassos, deux Braques, cinq Légers disparaissent d'une collection privée." Ah, ça c'est sûr. L'art.
Catherine:	Sûr? Comment?
François:	L'art ne baisse pas, il monte, il monte toujours. En fait l'art c'est l'investissement idéal.
Catherine:	Alors tu veux des Picassos sur tes murs. . . . Et l'argent pour acheter tes Picassos?
François:	(*de mauvaise humeur*) Je sais, je sais . . . Mais j'ai une idée.
Catherine:	Encore une idée? Je préfère un solide compte en banque.
François:	Ah, toi alors! Tu parles, tu parles, et patati et patata!

Et voici une autre idée, une bonne idée. Nous quittons cette maison et cette scène désagréable. Nous laissons Catherine et François Rongier et nous allons ailleurs.

Nous rencontrons trois personnes, trois personnages de cette histoire sans héros. Leurs noms? Jacques Aubin, un garçon de vingt-cinq ans; sans profession, sans travail, sans argent. Nicole Tourneur. Son âge? C'est un secret, bien sûr! Elle est . . . jeune et elle est jolie, et elle est pilote; oui, elle est pilote d'avion, de petits avions de tourisme. Et puis il y a Jean Vialat, le Professeur Jean Vialat; il est archéologue et expert en art et en civilisation mayas.

Mais d'abord nous rencontrons Jacques Aubin. Il est dans un bar, un bar chic de Paris.

Aubin:	Barman, la même chose.
Barman:	Ah non!
Aubin:	Eh bien quoi? Qu'est-ce qu'il y a?
Barman:	Bon, d'accord, mais cette fois-ci vous payez.
Aubin:	Payer, payer! C'est toujours la même chose. C'est un bar ici, non? Pas un supermarché.
Barman:	OK. Voilà votre verre. Mais demain vous payez. Demain, compris?
Aubin:	Oui. Demain. Alors je bois à "demain". Ha, ça alors! Lulu, mon amour! Comment ça va? Tu es adorable aujourd'hui. Tu es jolie . . .! Barman, un verre pour mon adorable amie.
Barman:	"S'il vous plaît" . . .
Aubin:	S'il vous plaît.

Et maintenant nous rencontrons Nicole Tourneur, notre jolie pilote. Elle téléphone à une amie. Elle est au téléphone en ce moment.

Nicole:	Allô . . . Oui, c'est Nicole. Comment ça va? . . . Oui, moi ça va, merci . . . Bien sûr je vole toujours. Je vole beaucoup, tu sais. En fait je pilote cet après-midi . . . Comment? . . . Oui, bien sûr j'aime ça, j'adore ça, mais j'aime aussi le travail. En fait je cherche un job . . . Comment? . . . Oui, bon, d'accord. A bientôt.

Bien. Voilà donc Jacques Aubin et Nicole Tourneur. Et maintenant nous rencontrons le Professeur Jean Vialat, archéologue et expert en art et en civilisation mayas. Il est chez lui; il habite une chambre pauvre et misérable. Il boit une tasse de café et lit une lettre.

Vialat:	"Monsieur le Professeur, nous vous remercions de votre lettre du 10 septembre. Nous connaissons bien votre réputation d'ar-

chéologue. Nous connaissons aussi et respectons vos recherches sur l'art et la civilisation mayas. Vos articles sur le Yucatan au Mexique sont extrêmement intéressants. Malheureusement la publication de ces articles dans notre revue est impossible. Avec tous mes regrets, Monsieur le Professeur, nous espérons . . ." et cetera, et cetera, et cetera!

Et bien, voilà les trois personnages. Trois personnages de notre histoire; mais notre histoire commence seulement. Ils sont tous en difficulté, vous ne pensez pas?

Et maintenant nous retournons à Neuilly, chez les Rongier, François et Catherine. Alors . . .? Comment ça va chez eux maintenant? (Pause) Ah . . . bien! Ça va bien maintenant.

Catherine: C'est vrai, François, c'est vrai, c'est une bonne idée.

François: Ah, enfin! Ecoute, Catherine. Je connais le Mexique, le Guatemala, le Honduras, l'Amérique Centrale. Je connais tout ça, tous ces pays. Bon. Tu sais, mes figurines mayas . . .?

Catherine: Bien sûr. Tu dis MES figurines mayas, mais tu oublies une chose. Elles ne sont pas à toi.

François: C'est vrai elles ne sont pas à mois MAINTENANT mais . . .

Catherine: Il y a le Professeur Vialat.

François: Oui, il y a Vialat. Les figurines sont à lui et c'est ma faute. Mais le fait est: aujourd'hui ces figurines valent des centaines, des milliers. La valeur de ces choses-là monte, elle monte tout le temps. C'est stupide, je sais; je vais au Mexique, je trouve les figurines, je reviens à Paris, je suis gentil avec Vialat, il veut les figurines . . .

Catherine: Et qu'est-ce que tu fais?

François: Je donne les figurines à Vialat.

Catherine: DONNER, tu dis? Vendre, oui mais pour rien.

François: Non, pas pour rien, pour un bon prix. Mais, évidemment, aujourd'hui ces figurines valent des milliers et des milliers de francs.

Catherine: Et toi qu'est-ce que tu as? Rien.

François: Ah, je t'en prie! Bon, d'accord, mes figurines sont chez Vialat, elles sont à lui maintenant. Mais j'ai une idée. Ecoute. Tu connais Casenave?

Catherine: Qui? Ah, Léopold Casenave, l'antiquaire et expert en art?

François: Exactement. Ce bon Léopold. Il a une boutique en ville, une excellente affaire, une clientèle bien et riche. Il vend et il achète des objets mayas.

Catherine: Il achète? A qui?

François: A moi.

Catherine: Comment?

François: Enfin . . . bientôt.

Catherine: Tu as des figurines mayas?

François: Non mais . . . (*mystérieux*) Je cherche et . . . je trouve.

Catherine: Les figurines de Vialat?

François: (*surpris*) Hein? (*en aparte*) Vialat . . .? (*à Catherine*) Non, non bien sûr. Non, au Yucatan, au Guatemala, en Amérique Centrale.

Catherine: Facile . . .! Et tu trouves tout ça au Yucatan?*

François: Eh oui, au centre de la civilisation maya. Des figurines, des masques, des ornements. Avec l'aide de Monsieur le Professeur Jean Vialat, le grand archéologue et expert en art maya. Il va là-bas, il visite les pyramides, les temples, les tombes. Je connais tout ça. Lui aussi il connaît tout ça. Alors, il creuse, il fouille, et il rapporte une fortune. Une fortune, et pour rien!

Catherine: Une fortune? Pour rien! Tu es toujours le même. Mais . . . après tout, pourquoi pas? C'est vrai, Vialat est un homme utile.

François: Bravo! Maintenant tu comprends. Alors tu vois? Vialat va là-bas, il prend les objets et puis les objets arrivent ici.

Catherine: Comment?

François: Patience, ma chérie. Ils viennent par avion. Tu vois, les douanes sont très strictes là-bas, terriblement strictes pour les objets d'art. MAIS nous évitons les douanes. Nous prenons les objets sur place, nous prenons un avion privé et nous quittons le pays avec une fortune. Et pas de douanes.

Catherine: Oui euh . . . c'est vrai, c'est une bonne idée.

François: Ah, tu vois? Et j'ai le pilote idéal. Je veux un bon pilote. Nicole.

Catherine: (*amère*) Quoi? Nicole Tourneur?

François: Oui. Elle.

Catherine: Je vois . . . Une ex-petite amie, non?

François: (*il ne fait pas attention*) Elle connaît cette région très bien, le Yucatan, le Guatemala, le Honduras, tous ces pays-là. Et comme pilote elle est formidable, comme pilote d'avion de tourisme elle est parfaite.

---

* Notice that Mme Rongier pronounces "Yucatan" incorrectly. Many French people do this even with such places as "Boston," "Washington," etc.

Catherine:	Parfaite . . . oui, sûrement.
Catherine:	Une pauvre petite femme!
François:	Alors je veux un homme, c'est ça, je veux un autre homme dans l'équipe, pour le gros travail, tu comprends: la fouille, le chargement des objets, tout ça. Un homme jeune et fort. Voyons . . . Qui?
Catherine:	Toi peut-être . . .
François:	*(il rit)* Non, comment? Moi? Avec Nicole? Vraiment, Catherine . . . Voilà une excellente idée pour une femme jalouse. Je sais! Jacques . . . Tu sais? Mon jeune cousin Jacques Aubin. Il est sans travail, jeune, fort; il est parfait pour ça. Et puis il est sans argent et prêt à tout. Alors ça y est. Voici notre équipe: Vialat, Jacques Aubin, Nicole Tourneur. Parfait. C'est entendu. Un mois, deux mois, et c'est la fortune, des millions! Bon. Je forme l'équipe et l'équipe part pour le Mexique dans deux ou trois jours. *(Triomphant)* Questions?
Catherine:	Oui.
François:	Bien sûr!
Catherine:	Oui, j'ai une question, une grosse question, et la voici: qui finance l'opération, les trois billets d'avion pour le Mexique, l'hôtel, les frais de voyage, l'avion privé au Yucatan et . . .?
François:	Eh bien . . .
Catherine:	Parce que toi, mon cher François, toi aussi tu es sans argent, comme ton cousin Jacques, et MOI, moi je ne finance pas cette . . . expédition. Moi je ne finance pas tes ex-fiancées!
François:	Ma chère Catherine, je ne demande pas ça. J'ai tout. Tout est prêt. J'ai un plan parfait. Oui, oui, patience, ma chérie, patience et c'est la fortune.

QUESTIONNAIRE

1. Où commence notre histoire?
2. Est-ce que François Rongier est un financier riche?
3. Que font François et Catherine Rongier pendant le petit déjeuner?
4. Comment s'appelle la Bourse de New York?
5. Il y a un vol sensationnel dans le journal. Qu'est-ce qui a disparu?
6. Que cherche Nicole?
7. Qui est le Professeur Vialat?
8. Dans quel pays est le Yucatan?
9. Où peut-on trouver des objets d'art?
10. Qui finance l'expédition de Francois?

2 Le Dieu de l'Argent

François Rongier. Il est chez lui, dans sa belle maison de Neuilly.
Il va sortir. Il appelle sa femme.

François:	Catherine! Catherine, je sors.
Catherine:	*(éloignée)* Où? Où vas-tu?
François:	En ville. Je vais voir Léopold Casenave.
Catherine:	D'accord. A tout à l'heure. Bonne chance.
François:	Merci. *(à lui-même)* Ah, une seconde . . . Je vais consulter l'annuaire du téléphone. Voilà. Les pages jaunes . . . Antiquaires . . . Antiquaires et Galleries d'Art . . . Voilà. Et maintenant . . . Casenave, Casenave, Casenave . . . C'est ça, "Antiquités et Objets d'Art Léopold Casenave". Oui, c'est bien ça, numéro 120.
	(dans la rue) Numéro 116 . . . 118 . . . 120. Voilà. Mm . . . jolie boutique. Et il a de belles choses dans sa boutique, mon ami Casenave. Ah, voilà sa collection d'art maya. Très beau tout ça.
Vendeur:	Bonjour, Monsieur. Vous désirez?
François:	Bonjour . . .
Vendeur:	Vous désirez, Monsieur?
François:	Euh . . . rien pour l'instant. Je vais regarder, avec votre permission.
Vendeur:	Je vous en prie.
François:	J'aime beaucoup ces objets mayas. Ils sont magnifiques.
Vendeur:	Vous êtes un homme de goût, Monsieur, je vois ça. C'est vrai, ils sont magnifiques, et très rares.
François:	Chers?
Vendeur:	Non, je ne vais pas dire "chers", mais . . .
François:	Ces figurines, par exemple . . .
Vendeur:	Celle-ci est une très belle pièce, elle vient du Yucatan. Elle représente le Dieu de la Pluie.
François:	Chaac.
Vendeur:	Mais oui, Monsieur, exactement, Chaac, le Dieu maya de la Pluie. Monsieur est expert, je vois.

François:	Non, je ne vais pas prétendre ça, mais . . . Combien?
Vendeur:	Je ne suis pas sûr. Un instant, je vous prie. Je vais regarder le prix. . . Oui, c'est bien ça. Quinze mille francs.
François:	Quinze mille, hein? Chaac . . . Dieu de la Pluie ou . . . Dieu de l'Argent?
Vendeur:	*(le vendeur rit poliment)*
François:	Bien sûr, pour nous, dans notre civilisation occidentale, ''le temps c'est de l'argent'', mais au Yucatan le temps, le climat est sec et aride et . . . ''la pluie c'est de l'argent''.
Vendeur:	C'est très vrai, Monsieur. Et maintenant vous allez voir une très belle pièce. Vous allez l'apprécier; un homme comme vous . . .
François:	Ah oui?
Vendeur:	Ce masque. Celui-ci vient du Guatemala.
François:	Maya également, bien sûr.
Vendeur:	Bien sûr. Magnifique, vous ne trouvez pas? Exceptionnel à mon avis.
François:	Et . . . combien?
Vendeur:	Vous n'allez pas aimer le prix, mais . . . Ce masque coûte vingt-cinq mille.
François:	Oh, vraiment? Très intéressant.
Vendeur:	C'est une somme importante, mais ce masque est très rare, vous savez.
François:	Oui, je suis d'accord. Dites-moi . . . ceci est la boutique de Monsieur Casenave, n'est-ce pas? Monsieur Léopold Casenave.
Vendeur:	C'est exact.
François:	Monsieur Casenave n'est pas ici par hazard? C'est un vieil ami. Je connais Monsieur Casenave depuis longtemps.
Vendeur:	En fait, il est ici en ce moment, dans son bureau.
François:	Ah, très bien. Voici ma carte.
Vendeur:	Monsieur François Rongier. Je vous remercie. Excusez-moi. Je vais annoncer votre visite. Un moment, s'il vous plaît.
François:	Eh bien, eh bien . . . ! Le prix de ces choses! Quinze mille, vingt-cinq mille. Pas mal. L'art maya c'est de l'argent, et le Dieu de la Pluie aussi.
	Et maintenant nous allons voir quelque chose . . .
Vendeur:	Par ici, Monsieur Rongier, s'il vous plaît. Monsieur Casenave est dans son bureau. Il va vous recevoir. Par ici, je vous prie.
François:	Merci.
Casenave:	Ah, mon cher ami, comment allez-vous?

François:	Bien et vous-même? Après . . . dix ans, je crois?
Casenave:	Oh oui, dix ans, douze peut-être.
François:	Et alors? Les affaires vont bien?
Casenave:	Très, très bien. J'ai ici une excellente affaire. Tout va bien.
François:	Mes félicitations. Vous avez des objets magnifiques.
Casenave:	En fait c'est absurde, mais ça va trop bien. Mon affaire marche trop bien et c'est pourquoi j'ai des problèmes.
François:	Vraiment?
Casenave:	Eh oui, les prix montent tout le temps et . . .
François:	Pas à la Bourse!
Casenave:	Non, sûrement pas, mais dans mon métier, dans ma profession, oui, ils montent. Voyez-vous, je vais peut-être surprendre un homme comme vous, mais mon problème ce n'est pas les prix. Bientôt mon magasin va être vide et mon stock aussi.
François:	Comment? Vide? Votre magasin? Mais vous avez des pièces magnifiques, votre magasin est plein d'objets merveilleux.
Casenave:	Oui, pour le moment, mais pas pour longtemps. Bientôt je vais être sans rien. Vous comprenez, mes clients viennent ici tout le temps. Ils achètent tout. Ils cherchent dans mes objets d'art un investissement sûr et solide. Vous êtes bien d'accord, je pense, la Bourse aujourd'hui n'est pas sûre.
François:	Ah oui, je suis d'accord! Et les objets d'art sont une valeur sûre. Vous avez un métier en or, mon cher ami.
Casenave:	Pour le moment, oui, mais ça ne va pas durer. C'est très difficile actuellement. Voyez-vous, les douanes mexicaines sont très strictes; bientôt la sortie des objets d'art du Mexique va être impossible.
François:	Oui, je sais. Je vais peut-être dire des choses . . . des choses indiscrètes, mais je connais un moyen. J'ai des contacts au Yucatan, des contacts privés. Vous me comprenez?
Casenave:	Vraiment? Très intéressant . . .
François:	Je connais un archéologue là-bas. Un homme très bien, très sérieux, un grand expert. Et j'ai une source d'approvisionnement d'objets de qualité, d'objets authentiques de grande qualité. Une source privée bien entendu.
Casenave:	Eh bien, mon cher Rongier! Vous avez une source d'approvisionnement, vous dites. Et moi je dis: vous avez un excellent client, en moi.
François:	C'est très aimable.

Casenave:	Bien sûr je ne vais pas signer un engagement ou un accord avec vous maintenant. Nous allons d'abord examiner vos objets mayas et puis après . . .
François:	D'accord. Mais ce n'est pas possible aujourd'hui, ou demain, ou la semaine prochaine. Vous comprenez certainement.
Casenave:	Je comprends.
François:	Mais écoutez. J'ai une idée. J'ai chez moi des pièces du Yucatan, très belles.
Casenave:	Chez vous?
François:	Ma collection privée. J'aime beaucoup l'art maya. Ces pièces viennent de mon ami l'archéologue au Yucatan. Nous allons examiner ces pièces ensemble un jour; vous voulez?
Casenave:	Tout à fait d'accord. Quand vous voulez. Quand? Demain?
François:	*(c'est un peu vite pour lui, mais tant pis)* Demain? Euh . . . eh bien oui, pourquoi pas? Demain après-midi? Je ne suis pas libre demain matin malheureusement.
Casenave:	L'après-midi c'est parfait pour moi. Alors à demain, mon cher ami. Chez vous n'est-ce pas? Vers cinq heures?
François:	C'est parfait. Rendez-vous à cinq heures chez moi. Vous avez ma carte, je pense . . .

Et voilà! C'est dans la poche. Il a Casenave dans sa poche. Casenave, peut-être, mais il n'a pas de masques ou de figurines mayas dans sa poche. Mais Rongier a quelque chose en tête.

Rongier descend un grand boulevard.

François:	Ah, voici un bar. Je vais entrer et faire deux choses. D'abord un verre, et ensuite un coup de téléphone.
François:	Barman, un double scotch, s'il vous plaît.
Barman:	Glace, Monsieur?
François:	Oui, de la glace et un peu d'eau euh . . . "Chaac"!
Barman:	*(du tac au tac)* Je regrette, Monsieur, mais notre eau est française et pas tchèque.
François:	Et je paie cash et pas par chèque. Vous connaissez Chaac?
Barman:	Bien sûr, il vient ici tous les matins . . . Un scotch.
François:	Merci. Le téléphone s'il vous plaît.
Barman:	C'est pour Paris ou le Kamchatka?
François:	Paris. Quartier Latin.
Barman:	Le Quartier Latin? Ah, les belles nanas!

François:	Hélas ma nana à moi est professeur, soixante ans, gaga. Vous parlez d'une nana.
	Allô, le Professeur Vialat? Ici François Rongier . . . Mon cher Professeur, comment allez-vous? . . . Bien, je suis content. Ecoutez, j'ai une proposition intéressante pour vous, exactement dans votre spécialité . . . Oui, oui bien sûr je suis sérieux. C'est une affaire fantastique et très intéressante . . . Ecoutez. Je vais venir chez vous tout de suite, d'accord? C'est très urgent. Je vais partir dans cinq minutes . . . Comment? A quelle heure chez vous? Eh bien . . . dans vingt minutes. Vous allez aimer ma proposition, vous allez voir . . . Oui, à tout de suite.
	François Rongier arrive chez le Professeur Vialat. Il monte les six étages.
François:	Cette maison est terrible, vraiment terrible. Sale, en ruine. Pauvre Vialat. Ça ne marche pas fort pour lui, je sais, mais vivre dans une maison comme ça . . . !
	Professeur Vialat! Vous êtes là? C'est moi, François Rongier.
Vialat:	*(éloigné)* Entrez, entrez.
François:	*(en aparte)* Mon Dieu, comme c'est triste ici . . . *(jovial)* Mon cher Professeur, comment allez-vous? Je suis content de vous voir.
Vialat:	*(déprimé)* Bien, bien, merci, je vais bien. Et vous-même? Je suis heureux de votre visite. C'est très gentil.
François:	*(pas déprimé du tout)* Gentil? Mais pas du tout, voyons! J'ai une bonne nouvelle pour vous. Vous allez être enchanté. Alors? Comment vont les affaires?
Vialat:	Oh, vous savez, dans ma profession . . . Mais ça va, ça va.
François:	Je vois . . . Bien. Et maintenant nous allons parler affaires. Vous avez toujours les figurines mayas, je vois.
Vialat:	Oh oui, oui, bien sûr. Vous savez, je regarde ces figurines tout le temps. Elles sont magnifiques. Elles sont ma vie, toute ma vie.
François:	Je comprends, Professeur, je comprends . . .
Vialat:	Alors, votre nouvelle, votre "bonne" nouvelle? Qu'est-ce que c'est?
François:	Une affaire, une excellente affaire. Pour vous et moi. Une affaire fantastique. Au Yucatan. Des figurines, des masques, des ornements, tout, et avec ça une fortune.

Vialat:	Mais . . . je ne comprends pas.
François:	Vous allez comprendre. Mon cher Professeur, j'ai pour vous du travail et de l'argent. Mais d'abord vous allez faire quelque chose pour moi.
Vialat:	Oui . . . Quoi?
François:	Vos figurines.
Vialat:	Comment, mes figurines? Vous voulez mes figurines? Ah non! Vous êtes fou. Jamais!
François:	Très bien. Au revoir, Professeur.
Vialat:	Mais voyons, Rongier, sûrement vous comprenez. Donner mes figurines? Mais elles sont ma vie, toute ma vie.
François:	Votre vie? Comment? Pour un jour? Vous allez prêter vos figurines pour un jour, pour un jour seulement, vous comprenez? Et c'est la fortune pour vous et moi. Vous allez prêter vos figurines pour un jour seulement et, en échange, vous allez être riche et travailler au Yucatan.
Vialat:	Au Yucatan . . . Vous êtes sérieux?
François:	Oui, mon cher, je suis sérieux. Vous allez travailler au Yucatan, dans les temples et les pyramides. Vous allez fouiller, vous allez trouver des trésors mayas magnifiques. Vous connaissez les temples près de la frontière?
Vialat:	Ils sont merveilleux. Et complètement abandonnés, déserts. Oui, je connais ces temples parfaitement.
François:	Eh bien, ils sont à nous. Mais d'abord vous allez prêter vos figurines.
Vialat:	A qui?
François:	A moi. Après tout, vos figurines, vos chères figurines viennent de moi. Alors, c'est d'accord?
Vialat:	Pour un jour seulement, n'est-ce pas? Parole d'honneur?
François:	Parole d'honneur.
Vialat:	Eh bien, dans ce cas. . . Mais vous allez faire attention, j'espère. Elles sont fragiles.
François:	Mais oui, bien sûr, je sais. Nous allons mettre tout ça dans des cartons. Nous allons commencer par ces masques . . .
Vialat:	Attention! Attention, je vous en prie, c'est très fragile.
François:	Catherine! Catherine, viens vite!
Catherine:	Qu'est-ce qu'il y a?
François:	Tu vas voir quelque chose.
Catherine:	Quoi? Pas des actions, j'espère.

François:	Ceci . . .
Catherine:	Tes anciennes figurines . . . Elles viennent de chez Vialat?
François:	Exactement. Et maintenant ça y est, la fortune est à nous. Ecoute. Léopold Casenave va venir ici demain. Il va voir ces pièces authentiques et merveilleuses du Yucatan. Je vais offrir à Casenave d'autres pièces comme celles-ci. Il va acheter, je sais. Et il va payer un bon prix, MON prix. Alors maintenant, tu vois, c'est simple, simple comme bonjour. Nous restons tranquillement ici et nous attendons la visite de Léopold Casenave, ce cher Léopold Casenave.
Catherine:	Il vient quand?
François:	Demain. Demain à cinq heures de l'après-midi.
	François Rongier à l'appareil . . . Léopold . . Qu'est-ce qu'il y a? . . . Comment? Vous ne venez pas demain?
Catherine:	*(exaspérée)* Oh, toi alors! Ça recommence . . .
François:	Chut . . . Mais . . . Oui, je comprends bien, mais . . . Ce soir? . . . Comment? Maintenant tout de suite? Ecoutez, je ne sais pas. Ça va être difficile mais enfin . . . Eh bien d'accord, oui. Nous sommes à la maison . . . Au revoir.
	Eh bien, ma chère, non il ne vient pas demain, il vient ce soir. Il vient dans quelques minutes. Alors, ma chérie, tu vas mettre une jolie robe, tu vas sourire comme un ange et tu vas être aimable. Le Dieu de l'Argent va frapper à notre porte.

QUESTIONNAIRE

1. A qui parle François dans la boutique Casenave?
2. Le vendeur montre une figurine à François. Qu'est-ce qu'elle représente?
3. Comment est le climat au Yucatan?
4. Pourquoi François dit-il que "la pluie c'est de l'argent"?
5. Est-ce que les prix descendent dans le commerce des antiquités?
6. Quel est le problème de M. Casenave, l'antiquaire?
7. Comment sont les douanes mexicaines?
8. Pourquoi François téléphone-t-il au Professeur Vialat?
9. Qu'est-ce que François demande au Professeur de lui prêter?
10. Léopold Casenave ne vient pas chez François demain. Pourquoi?

3 L'équipe

Nous sommes chez les Rongier. François et Catherine attendent leur visiteur, Léopold Casenave, l'antiquaire. Il va arriver d'un moment à l'autre.

Les figurines et les masques mayas du Professeur Vialat sont là, sur une table.

François: Ces figurines sont vraiment magnifiques.

Catherine: Malheureusement elles ne sont pas à toi.

François: Pas exactement, c'est vrai, mais c'est sans importance. Ecoute, Catherine, pas d'histoires avec Léopold Casenave, je t'en prie. Pour lui tous ces objets sont à moi, c'est ma collection personnelle, tu comprends?

Catherine: Oui je comprends.

François: Et tu vas être gentille avec lui. Tu vas sourire et être aimable avec ce cher Léopold.

C'est lui.

Catherine: Je vais ouvrir.

Casenave: Bonsoir, chère Madame.

Catherine: Bonsoir, cher Monsieur. Entrez je vous prie.

Par ici s'il vous plaît. François vous attend au salon.

François: Mon cher ami . . . ! Non, je vous appelle Léopold. Vous voulez bien?

Casenave: Avec plaisir. Et je vous appelle François.

Casenave serre la main de Rongier. Il voit les figurines sur la table.

Oh, mais quelle merveille!

François: N'est-ce pas?

Casenave: Elles sont magnifiques. Et tout ça vient du Yucatan?

François: Oui, par mon ami l'archéologue. L'art maya est sa passion, et la mienne, et avec mes contacts là-bas . . . Vous le savez comme moi, ce n'est pas facile aujourd'hui. Sortir tout ça du Yucatan, c'est dangereux.

Casenave: Je le sais. Les douanes sont extrêmement strictes là-bas.

François:	Surtout pour des objets comme ça.
Casenave:	Ils sont vraiment très beaux. Franchement, je vous envie.
François:	Ah oui, j'ai de la chance. Mais vous m'enviez, mon cher Léopold? Vous avez des objets magnifiques dans votre magasin.
Casenave:	Je viens de vendre toute ma collection; cet après-midi.
François:	Ce n'est pas possible.
Casenave:	Oui, à un client extrêmement riche. Cinq minutes après votre visite, il entre chez moi et il achète tout.
François:	Comment? La statuette de Chaac et ce beau masque aussi?
Casenave:	Oui, tout; il vient d'acheter tous les objets de ma collection.
François:	C'est une excellente affaire pour vous, non?
Casenave:	Oui, sans doute, mais j'ai d'autres clients et rien pour eux. La Bourse vient encore de baisser et les gens recherchent des objets d'art. Tenez; deux clients viennent de téléphoner à mon bureau; j'ai seulement deux ou trois petites choses pour eux et c'est tout.
François:	Et ce n'est pas assez . . .
Casenave:	Est-ce que par votre ami l'archéologue et vos contacts au Mexique . . .
François:	Oui bien sûr, c'est possible. Naturellement ça va prendre du temps et . . . de l'argent, mais c'est possible. Nous connaissons des pyramides abandonnées. Mon archéologue est catégorique, c'est une mine, un véritable trésor. Je connais bien cette région et, je le sais, avec un petit capital, nous allons trouver des objets magnifiques; comme ceux-ci, sur cette table. Ils sont vraiment beaux, n'est-ce pas?
Casenave:	Je suis entièrement d'accord.
François:	Vous voulez les mêmes? Eh bien c'est facile. Avec un peu d'argent . . .
Casenave:	Bien sûr, je les achète.
François:	Ah non, je ne les vends pas. Pas ceux-ci. C'est ma collection personnelle.
Catherine:	Ah non, François, tu ne vas pas les vendre, j'espère.
François:	Mais non, je viens de le dire à Léopold. Et puis tu le sais bien. Mais nous allons l'aider. Nous allons importer des objets du Yucatan.
Casenave:	Quand vous voulez. Je suis d'accord. Vous les importez et je les achète.
François:	Seulement, vous comprenez, je veux une avance.

Casenave:	Une avance? Vous voulez de l'argent tout de suite?
François:	Euh . . . oui. Une expédition là-bas, ça coûte cher. Je vais vous aider et vous allez m'aider aussi. Après tout, je fais ça pour vous.
Casenave:	Mon cher François, je vous connais, mais enfin . . . je suis un homme d'affaires. Signer un chèque, c'est bien, mais je veux une garantie.
François:	Je vous comprends. Vous me comprenez aussi, je pense. Nous allons financer l'expédition ensemble, vous et moi. Vous allez signer un chèque et comme garantie vous avez ma parole d'honneur . . .
Casenave:	Oui . . . ?
François:	Et ces figurines.
Casenave:	Comment? Ah, mais ça alors ça change tout.
Catherine:	Non, François. Tu ne les vends pas, j'espère.
Casenave:	Mais non, chère Madame, il ne les vend pas et je ne les achète pas; je les prends en garantie, voilà tout.
François:	C'est juste, je pense. Léopold va signer un chèque et financer l'expédition. Il demande une garantie et je la donne. C'est normal. Alors nous sommes d'accord, n'est-ce pas? Vous ne vendez pas mes objets, vous les prenez seulement en garantie.
Casenave:	C'est d'accord. Nous allons noter tout ça, signer un accord et je fais un chèque tout de suite.
François:	Catherine, ma chérie, tu vas servir l'apéritif. Mon cher Léopold, qu'est-ce que vous aimez? Champagne? Whisky?
Casenave:	Un petit verre de champagne, avec plaisir.
François:	Et nous allons boire à nos succès, à notre expédition au Yucatan et à l'art maya.
Casenave:	Et à votre charmante épouse, Madame Rongier.
Catherine:	Mon nom est Catherine, cher ami, Catherine pour les amis . . .

De Neuilly, près du Bois de Boulogne, nous allons à Saint-Germain-des-Prés, dans le centre de Paris. C'est un quartier très intéressant, avec des libraires, des antiquaires, des boutiques, des cinémas, un drugstore (style français), des restaurants, des cafés célèbres, des bars à la mode. Et justement nous entrons dans un de ces bars avec François Rongier. Il a rendez-vous avec Nicole. Nicole Tourneur . . . Vous la connaissez déjà; cette jeune et jolie pilote, l'ancienne petite amie de François Rongier.

François:	Comment, ma chérie, tu es déjà là?
Nicole:	Eh oui, tu vois. Je viens d'arriver.
François:	Excuse-moi.
Nicole:	Je t'excuse. C'est ma faute. Quand j'ai rendez-vous avec toi, je suis toujours à l'heure.
François:	Et moi je suis en retard. Je suis désolé.
Nicole:	Tu ne m'embrasses pas?
François:	Mais oui, bien sûr. *(Il l'embrasse.)* Comment vas-tu?
Nicole:	Moi? Très bien. Je cherche un job mais à part ça . . .
François:	*(il rit)* Tu cherches un job?
Nicole:	Oui. Pourquoi ris-tu? Ce n'est pas drôle, je t'assure.
François:	Parce que . . .
Nicole:	Franchement, ce n'est pas drôle. Tu sais, François, tu es marié maintenant et ce n'est pas toujours facile pour moi.
François:	Eh bien, tu vas voir. Tu sais pourquoi je suis ici, avec toi? Pour te voir, bien sûr . . .
Nicole:	Infidèle!
François:	Mais aussi parce que j'ai un job pour toi.
Nicole:	Vraiment? Tu es sérieux?
François:	Tout à fait sérieux. Tu pilotes toujours, j'espère.
Nicole:	Oui, quand j'ai de l'argent. Ça coûte cher.
François:	Eh bien tu vas piloter pour moi.
Nicole:	Tu dis?
François:	Je viens de dire, et je le répète: tu vas piloter pour moi.
Nicole:	Oh, mon chéri, tu es trop gentil; je t'embrasse . . . Vraiment?
François:	Oui, ma belle. Tu pilotes pour moi et je te paie.
Nicole:	C'est merveilleux. Où? Quand? Je commence quand? Et où? Ici à Paris?
François:	Non. Pas à Paris. Pas en France.
Nicole:	Tu m'intéresses . . . En Europe?
François:	Non. En Amérique et, très précisément, au Mexique.
Nicole:	Tu es formidable. Quand? Quand est-ce que je pars?
François:	Quand est-ce que VOUS partez?
Nicole:	NOUS?
François:	Oui, vous. Toi et mon ami Vialat.
Nicole:	Je le connais?
François:	Non, tu ne le connais pas. Le Professeur Vialat. Il est archéologue.
Nicole:	Archéologue? Tu m'intrigues.

François:	Et puis il y a aussi Jacques Aubin, mon jeune cousin Jacques. Tu ne le connais pas. Vous allez partir dans deux jours. Vous prenez l'avion pour Mexico et Merida.
Nicole:	Merida dans le Yucatan?
François:	Et là, tu vas louer un avion privé et tu vas le piloter. Tu connais bien le pays, non?
Nicole:	Oui, je le connais, tu le sais bien. Et qu'est-ce que nous allons faire là-bas.
François:	Vous allez fouiller des tombes et des pyramides mayas, sous la direction de Vialat. Vialat, c'est le guide, l'expert. Jacques Aubin, lui . . . eh bien, il est l'homme de l'expédition. Et toi tu es le pilote.
Nicole:	C'est d'accord, entièrement d'accord. Et tu nous paies quand? Parce que . . .
François:	Parce que tu veux de l'argent?
Nicole:	Eh bien . . . oui. Avant de partir, tu comprends, je . . .
François:	Mais je te comprends, Nicole. Le travail c'est le travail. Tu vas travailler pour moi, je te paie, c'est normal. Dix mille francs, cash, tout de suite?
Nicole:	(*incrédule*)Dix mille . . . ?
François:	Pour toi, oui. Pour les autres, Vialat et Jacques, cinq mille. Mais pour toi dix mille. Tiens. Les voici dans cette enveloppe.
Nicole:	Pourquoi dix mille pour moi et pas pour les autres?
François:	Parce que tu es le pilote, et puis je t'aime bien et puis . . . tu vas mener l'expédition, tu es le chef de l'expédition.
Nicole:	Moi je veux bien. Mais les autres, ils vont travailler pour cinq mille francs?
François:	Ah, mais tu ne comprends pas. Ça c'est seulement une avance. A votre retour vous allez toucher le reste. Vous revenez avec masques, figurines, ornements; nous les vendons et vous touchez une commission. Tu vas voir, c'est une affaire fantastique. J'organise tout ça, vous faites votre travail là-bas et nous gagnons une fortune.
Nicole:	Je te crois et je marche. Et ton cousin euh. . . Jacques, il est comment?
François:	Gentil. Pas très intelligent, mais beau garçon, courageux. Et maintenant je te laisse, j'ai un rendez-vous important avec Monsieur le Professeur Vialat.
Nicole:	Tu n'es pas très enthousiaste . . .

François:	C'est un homme bizarre. Et puis je vais avoir un petit problème avec lui, je le sens. Bon. J'achète les billets, j'organise tout ça et tu attends mon coup de téléphone. Je t'embrasse. A demain.
Nicole:	Merci, François. Tu es un amour. A demain.

François Rongier quitte le bar. Il prend un taxi et il va chez le Professeur Vialat, au Quartier Latin, près de la Sorbonne. Ce n'est pas loin. En quelques minutes il est là, au sixième étage, devant la porte du Professeur. Il frappe et il entre.

Vialat:	Ah, c'est vous . . .
François:	Eh oui, vous voyez, c'est moi. Et pour vous je suis la Providence. Mon cher ami, bientôt vous allez me remercier. Je suis la chance de votre vie, vos espoirs et votre bonne fortune. Vous partez pour le Yucatan après-demain. Et en plus voici pour vous une enveloppe avec de l'argent.
Vialat:	Oui, je vois, merci beaucoup mais . . . mes figurines? Vous ne les avez pas avec vous? Où sont-elles?
François:	Vos figurines . . . ! Mais vous êtes fou, mon cher. Vous pensez à vos figurines, vraiment?
Vialat:	Où sont-elles? Je les veux.
François:	Je ne les ai pas. Mais elles sont en bonnes mains. Ecoutez, mon cher ami. Vous partez pour le Mexique dans deux jours, je vous paie, vous faites votre métier, un métier passionnant, et vous demandez: "où sont mes figurines"?
Vialat:	Oui. Où sont-elles? Je les veux. Je les veux aujourd'hui, maintenant.
François:	Ah c'est comme ça! Eh bien d'accord. Je vais les chercher, et vous restez ici à Paris. Vous ne partez pas au Mexique. Vous restez ici dans votre misérable chambre, sans argent, sans travail. Pauvre imbécile! Mais c'est votre affaire. Ça vous regarde.
Vialat:	Mais non, vous ne me comprenez pas.
François:	Eh bien, c'est dommage. Au revoir, Monsieur le Professeur. Ah! mon enveloppe s'il vous plaît . . .
Vialat:	Je vous en prie, Rongier. Vous ne comprenez pas. Ce travail m'intéresse.
François:	Et l'argent, il vous intéresse aussi?
Vialat:	Naturellement. Mais je veux mes figurines.
François:	A votre retour du Mexique. Je ne les ai pas avec moi, mais elles

	sont en bonnes mains. Alors, êtes-vous d'accord, oui ou non?
Vialat:	. . . Oui.
François:	Bien. Vous avez donc cinq mille francs. C'est une avance; le reste à votre retour du Mexique. Vous allez rencontrer les deux autres demain: Nicole Tourneur et Jacques Aubin. J'achète vos billets et vous partez après-demain matin. D'accord?
Vialat:	Oui, je suis d'accord, je viens de vous le dire.
François:	Allons! Un peu de bonne humeur s'il vous plaît! Je vous quitte. Au revoir.
Vialat:	Cinq mille francs . . . Un voyage au Mexique. Mais où sont mes figurines? Ce Rongier est un escroc. Je déteste cet homme, je le déteste!

QUESTIONNAIRE

1. Où sont les figurines mayas du Professeur Vialat?
2. Pourquoi Léopold Casenave envie-t-il François?
3. A qui l'antiquaire a-t-il vendu sa collection?
4. Que veut faire François?
5. Combien coûte une expédition archéologique?
6. Combien vaut la parole d'honneur de François?
7. A quoi François et Casenave boivent-ils?
8. Avec qui François a-t-il rendez-vous?
9. Qu'est-ce que l'expédition va faire au Yucatan?
10. Qui est le chef de l'expédition?

4 Jet et coucou

Deux jours viennent de passer. Nous sommes ce matin à l'aéroport de Paris, à Roissy-en-France. Des centaines, des milliers de passagers attendent le départ.

Haut-parleur: Les passagers du vol 067 d'Air France à destination de Houston et du Mexique, sont priés de présenter leurs billets et de monter à bord.

François: Mais enfin où est Vialat? Il est terriblement en retard.

Nicole: Patience, François, c'est la première annonce. Nous avons le temps.

François: Il m'énerve ce type. Il a de l'argent, il a son billet pour Mexico et il est en retard.

Aubin: Il va arriver, tu vas voir.

François: Je l'espère bien. Nicole, Jacques, écoutez-moi. Dans six jours, sept jours au maximum, vous m'appelez. Vous me téléphonez à la maison et vous me dites simplement: "Voilà, nous avons vingt, trente, quarante figurines, masques, et cetera" et vous me dites la valeur de tout ça. Pour la valeur, vous demandez à Vialat.

Nicole: C'est vrai, au fait. Il est vraiment en retard maintenant.

François: Ah, ce Vialat, il m'énerve. Comme archéologue, il est très bien, mais vous allez voir, mais il n'a pas de sens pratique. Aussi écoute-moi bien, Nicole. C'est toi le chef de l'expédition, tu le sais. Vialat est seulement l'expert et Jacques est ton second. Toi, tu es le chef.

Nicole: Jacques, pas d'objections, j'espère?

Aubin: Non, Chef. Pas d'objections, Chef. Merci, Chef. Vous êtes très jolie, Chef.

François: Ah, le voilà enfin.

Nicole: Il ne nous voit pas . . .

François: Vialat! Par ici.

Vialat: *(agité)* Bonjour, bonjour. Je suis en retard. Je m'excuse, l'autobus euh . . .

François: *(en aparte)* L'autobus . . . ! Imbécile! Allons! Vite maintenant. Vous allez à l'enregistrement avec votre valise. Vous avez votre billet au moins, et votre passeport?

Vialat:	Comment? Ah oui, oui, attendez.
François:	Vous venez, oui ou non? L'enregistrement c'est par ici.
Vialat:	Bien, je vous suis . . .
Aubin:	*(à Nicole)* Eh bien, Chef . . . qu'est-ce que vous pensez de notre expert et coéquipier?
Nicole:	Mon cher Jacques, ce n'est pas le moment de critiquer. Pour moi, il est archéologue et ça suffit.
Haut-parleur:	Dernier appel pour le vol Air France 067 à destination de Houston et Mexico.
François:	*(il appelle Aubin et Nicole):* Par ici, vous deux! Le Professeur est prêt. Allez, vite maintenant.
Nicole:	Au revoir, François, je t'embrasse.
François:	Oui, au revoir. Et je compte sur vous. Toi, Nicole, tu me téléphones dans six ou sept jours. Pour vous, mon cher Professeur, ceci est la chance de votre vie; je vous dis bonne chance. Et toi, Jacques, tu es là pour aider le Professeur et Nicole.
Aubin:	C'est entendu.
Nicole:	Au revoir, François. Venez vous deux, nous sommes en retard.
François:	Bon voyage! Et à bientôt, par téléphone.

Dix jours viennent encore de passer et nous sommes maintenant chez François et Catherine Rongier, à Neuilly. Dix jours depuis le départ de l'équipe pour le Mexique . . .

Catherine:	*(éloignée)* François!
François:	Oui?
Catherine:	Qu'est-ce que tu fais?
François:	Rien, tu le vois bien. J'attends un coup de téléphone.
Catherine:	Quoi? Du Mexique?
François:	*(exaspéré)* Mais oui, du Mexique, ma chérie, du Mexique!
Catherine:	C'est peut-être ça.
François:	Allô, oui. . . . Comment? . . . Monique? Ah, c'est vous . . . Oui, Catherine est là. Un instant, je vous prie. C'est Monique pour toi. Alors écoute, Catherine, je te connais, Monique je la connais, vous allez encore parler pendant des heures. Moi, j'attends un appel de Mexico, alors, je t'en prie, tu vas faire vite.
Catherine:	Mais oui, François, mais oui. Pourquoi es-tu si nerveux? Allô, Monique. Bonjour. Comment vas-tu? . . . Ecoute, je suis désolée mais nous attendons un coup de téléphone important . . .

	Comment? De qui? . . . Non, François attend un coup de télé-phone important et . . . Je te rappelle, c'est d'accord? . . . Comment?
François:	*(exaspéré)* Ah, les bonnes femmes au téléphone! Ecoute, Catherine, je t'en prie. Tu vas raccrocher, oui ou non?
Catherine:	Et toi, François, je t'en prie aussi; je suis au téléphone depuis une minute seulement.
François:	Et ça va durer une demi-heure.
Catherine:	*(à son amie)* Ah non, non, non, non, non, non, non, je parle à François. Ah, tu le connais. Impatient, nerveux. Il attend ce coup de téléphone depuis quatre jours. Alors je te quitte . . . Oui, oui, je te rappelle. Ce soir probablement . . . Oui, je t'embrasse.
François:	Enfin.
Catherine:	Pourquoi es-tu si désagréable?
François:	Je vous connais; quand vous êtes au téléphone ça dure des heures. "Le chien est malade, Mario le coiffeur est charmant, Anne-Marie est enceinte, je viens de perdre deux kilos, oui en quatre jours, je te donne la recette quand tu veux" et patati et patata pendant des heures.
Catherine:	Au moins c'est amusant. Tu n'es pas drôle, tu sais.
François:	J'ai des soucis, voilà tout.
Catherine:	Je sais, mais tout de même . . .
François:	Mais qu'est-ce qu'ils font là-bas? Ça fait dix jours maintenant depuis leur départ.
Catherine:	Je suis d'accord, c'est bizarre mais, après tout, ils sont au Yuca-tan, dans la jungle; il n'y a peut-être pas de téléphone.
François:	Non, bien sûr. Mais ça fait dix jours. Qu'est-ce qu'ils font? Qu'est-ce qu'il y a? J'attends des nouvelles, moi! Casenave va encore me téléphoner, tu vas voir. Et qu'est-ce que je vais lui dire?

Pendant ce temps au Mexique, un petit avion de tourisme attend sur une route déserte. Une jeep est là aussi, à côté de l'avion. C'est l'équipe de Rongier. Nicole, Aubin et Vialat travaillent sous le soleil. Ils viennent encore de trouver des objets mag-nifiques dans un temple maya. Mais l'heure avance. Le soleil baisse.

Nicole:	Professeur!

Vialat:	Oui, qu'est-ce qu'il y a?
Nicole:	Nous allons partir.
Vialat:	Comment? Déjà? Mais nous allons trouver encore des tas de choses. Ici, regardez.
Nicole:	Nous allons partir, je vous dis. Jacques, tu vas prendre les caisses et tu vas les mettre dans l'avion.
Aubin:	Nous avons le temps, non?
Nicole:	Non, il est quatre heures et quart. Il y a toutes ces caisses pleines d'objets, nous allons les charger et ça va faire cinq heures. Et avec cet avion, pas question de voler pendant la nuit. Et puis tu le sais bien, nous sommes déjà en retard.
Aubin:	Oui, c'est vrai, nous avons déjà trois jours de retard. François attend certainement notre coup de téléphone.
Nicole:	Exactement. Ce soir je lui téléphone. Alors en vitesse maintenant. Toi et le Professeur, vous allez charger les caisses. Moi je vais vérifier l'avion.
Aubin:	D'accord. Je vais lui dire . . . Hé, Professeur! Nous allons partir.
Vialat:	Partir et pourquoi? C'est ridicule. Je viens encore de trouver des choses magnifiques. Là, vous voyez? dans ce trou. Il y a des vases et des figurines extraordinaires.
Aubin:	Pas question. Pas aujourd'hui. C'est la décision de Nicole. C'est elle le pilote. Elle décide et pas nous.
Vialat:	Bon, bon, Madame décide, mais c'est ridicule et je vous le dis.

Aubin et Vialat mettent les objets dans les caisses et portent les caisses à l'avion. Vialat n'est pas content.

Vialat:	Il y a encore des tas de choses, je vous dis.
Nicole:	C'est possible, je ne dis pas le contraire, mais nous partons. Si nous restons, une patrouille ou un hélicoptère de l'armée ou de la police va nous voir et alors c'est la fin de tout.
Vialat:	Mais il y a un trésor, là à cinq cents mètres.
Aubin:	Et dans ces caisses, qu'est-ce qu'il y a? C'est déjà bien assez. Ah, il va être content François, et Papa Léopold Casenave . . .
Vialat:	Comment?
Nicole:	*(Nicole intervient)* Allons, Jacques, tu vas faire ton travail, oui ou non? *(à voix basse)* Tu n'es pas fou? Parler de Casenave devant Vialat . . . Allons, au travail tout le monde. Je vais vous aider.

Ils chargent toutes les caisses dans l'avion.

Pendant ce temps, à Paris, chez François Rongier, le téléphone sonne.

François: Allô? . . . Ah, c'est vous, mon cher Léopold. Quelle bonne nouvelle? . . . Les figurines? Oui, je vous comprends parfaitement. Eh bien, je vais vous dire, tout va bien, tout va extrêmement bien là-bas. Nous avons un petit retard, mais . . . Comment? Vos clients attendent? Et vous voulez les objets tout de suite? . . . Demain? Je vais essayer . . . Eh bien, mon cher ami, pas de problème; mon équipe va m'envoyer les objets d'un moment à l'autre. Et je vais leur donner des ordres; tout cela va venir par avion . . . Oui, par avion. Il y a un risque évidemment, mais vous me connaissez. Les affaires sont les affaires, mon cher Léopold . . . Oui, c'est d'accord, je vous rappelle.

Catherine: Le Mexique?

François: Casenave. Encore lui. Toujours lui.

Catherine: Qu'est-ce qu'il veut?

François: Des figurines, bien sûr. Et pour demain!

Catherine: Qu'est-ce que tu vas faire?

François: Je viens de les lui promettre, enfin . . . tu me comprends. Pour demain, ou après-demain. Mais qu'est-ce qu'ils font là-bas, qu'est-ce qu'ils font? Ce n'est pas croyable . . .

Le Yucatan. Les trois membres de l'équipe viennent de charger les caisses. L'avion est prêt à partir.

Nicole: Alors, tout est là?

Aubin: Toutes les caisses sont là.

Nicole: Bien. Alors, Professeur, c'est d'accord, n'est-ce pas? Jacques et moi, nous prenons l'avion et nous allons à l'Ile de Kalahun. Là, nous déchargeons les caisses et nous les mettons sur un bateau pour la France. Et de Kalahun nous rentrons en avion à Merida dans deux jours. Et vous, vous prenez la jeep et vous allez directement à Merida.

Vialat: Compris. D'accord.

Nicole: Vous allez à l'Hôtel Tropicana.

Aubin: Et dans deux jours nous arrivons, Nicole et moi.

Vialat: Eh bien . . . c'est parfait. Rendez-vous au Tropicana, dans deux jours.

Nicole:	Et là, nous faisons nos plans pour une autre expédition.
Vialat:	D'accord, je vous attends là-bas.

Vialat monte dans la jeep.

Aubin et Nicole prennent place dans l'avion. Nicole est aux commandes. L'avion démarre, prend de la vitesse et décolle.

Un peu plus tard . . .

Nicole:	Jacques, écoute. Tu entends?
Aubin:	Qu'est-ce qu'il y a?
Nicole:	Le moteur . . . Il y a quelque chose. Il ne tourne pas rond.
Aubin:	Tu es sûre?
Nicole:	Tu n'entends pas?
Aubin:	Oui, maintenant oui . . . C'est grave, tu crois?
Nicole:	Je ne sais pas encore. Attends, je regarde les instruments . . .
Aubin:	C'est la pression d'huile, non?
Nicole:	Oui, tu as raison; elle baisse. Alors ça c'est la fin de tout. Et le moteur chauffe, naturellement. Tu vois la température? Elle est au maximum.
	Ça y est! Pas de moteur. Le moteur vient de caler.
Aubin:	Qu'est-ce que tu vas faire?
Nicole:	Je n'ai vraiment pas le choix. Atterrir, voilà tout. Mais où? C'est ça le problème.
Aubin:	Eh bien, ma chère Nicole, pour mon premier vol avec toi, je n'ai pas de chance. Mon premier et peut-être mon dernier. . . .
Nicole:	Ah, je t'en prie, pas de panique. J'ai assez à faire avec ce fichu coucou.

L'avion perd de l'altitude au-dessus de la jungle du Yucatan, rapidement.

QUESTIONNAIRE

1. Où va le vol 067 d'Air France?
2. Qui est en retard pour prendre l'avion?
3. Quand François attend-il un coup de téléphone de Nicole?
4. Pourquoi Nicole est-elle le chef de l'expédition?
5. Que va faire Jacques Aubin dans l'expédition?
6. Pourquoi François est-il si désagréable?
7. Quelle différence y a-t-il entre un avion et un hélicoptère?
8. Qu'est-ce qu'il y a dans les caisses?
9. Pourquoi Casenave appelle-t-il François au téléphone?
10. Qui prend la jeep pour aller à Merida?

5 Atterrissage en catastrophe

Nicole: Ça y est! Pas de moteur. Le moteur vient de caler.

Aubin: Qu'est-ce que tu vas faire?

Nicole: Je n'ai vraiment pas le choix. Atterrir, voilà tout. Mais où? C'est ça le problème.

Aubin: Eh bien, ma chère Nicole, pour mon premier vol avec toi, je n'ai pas de chance. Mon premier et peut-être mon dernier . . .

Nicole: Ah, je t'en prie, pas de panique. J'ai assez à faire avec ce fichu coucou.

L'avion perd de l'altitude au-dessus de la jungle du Yucatan, rapidement.

Nicole: Nous allons chercher une route ou un champ pour atterrir.

Aubin: Je vois seulement des arbres . . .

Nicole: Nous perdons de l'altitude, et rapidement.

Aubin: Nous avons combien de temps?

Nicole: Deux minutes, trois minutes peut-être. Il y a un peu de vent et ça va nous aider, mais . . .

Aubin: Ta as vu? Là, à gauche . . .

Nicole: Où à gauche? Devant?

Aubin: Non, vraiment à gauche maintenant. C'est un champ, je crois. En tout cas il n'y a pas d'arbres.

Nicole: Non, je n'ai pas vu, mais je vais tourner . . . Oui, tu as raison. Eh bien, je vais essayer. Le vent est contraire. Nous allons tourner encore une fois et nous allons atterrir. Enfin nous allons essayer.

L'avion tourne et descend.

Pendant ce temps, à Neuilly, François et Catherine Rongier attendent toujours des nouvelles.

François: C'est incroyable . . . Dix jours et ils n'ont toujours pas téléphoné.

Catherine: Ils ont peut-être essayé. Tu sais, le téléphone dans ces pays-là . . .

François: Mais non, mais non, il y a autre chose.

Catherine:	Peut-être qu'ils n'ont pas trouvé les temples et les pyramides.
François:	Mais oui ils ont trouvé. Vialat connaît la région parfaitement et Nicole aussi. Ils ont trouvé, c'est certain; là n'est pas le problème. Mais ils ont peut-être rencontré l'armée ou la police.
Catherine:	Ou alors, ils ont trouvé des dizaines et des centaines de figurines, et ils les gardent pour eux.
François:	Comment?
Catherine:	Je dis: ils les gardent pour eux. Ton amie Nicole après tout . . . Et Jacques, ton cousin Jacques . . . Ils sont peut-être contre toi maintenant.
François:	Non. Jamais. Je les connais. Ce n'est pas possible. Allô, François Rongier à l'appareil . . .
Casenave:	Bonjour. Vous avez des nouvelles?
François:	Ah, c'est vous? Bonjour.
Catherine:	Qui est-ce?
François:	Casenave . . . Alors, mon cher ami, comment allez-vous?
Casenave:	Ecoutez, François, j'ai demandé: avez-vous des nouvelles et je veux une réponse.
François:	Oui, j'ai des nouvelles, bien sûr, et tout va bien, mais je n'ai pas encore reçu les figurines. Je les attends. Je les attends d'un jour à l'autre.
Casenave:	Des promesses, encore des promesses, toujours des promesses. Eh bien maintenant ça suffit. Je suis un homme d'affaires et je suis sérieux, moi. Je veux mes objets tout de suite. Des clients ont encore téléphoné cet après-midi. J'ai expliqué la situation, mais vraiment c'est très difficile pour moi. Ces clients-là, je vais les perdre, vous comprenez?
François:	Oui, je comprends parfaitement, mais je vous ai déjà expliqué.
Casenave:	Et moi je vais vous expliquer autre chose. Je veux mes figurines dans deux jours, trois jours au maximum.
François:	Dans trois jours?
Casenave:	Maximum. Dernière limite.
François:	Oh, mais alors, tout va bien.
Casenave:	Je l'espère pour vous. Dans trois jours, dernière limite, vous m'apportez les objets, ou bien vous m'apportez mon argent. C'est clair, je pense.
François:	Je vous apporte les objets, sans faute. Merci d'avoir téléphoné et à bientôt.

Casenave:	Vous avez compris, n'est-ce pas? J'ai dit: je veux mon argent ou les objets. C'est bien compris? Au revoir.
François:	C'est tout à fait clair. Au revoir.
	Il est impossible, ce bonhomme. Il a déjà téléphoné trois fois.
Catherine:	Et pourquoi pas? Je le comprends.
François:	Oui, mais maintenant il veut son argent.
Catherine:	Et tu as dépensé beaucoup déjà?
François:	Eh bien . . . oui, naturellement. J'ai donné une avance à Nicole, à Jacques et à Vialat. J'ai acheté trois billets d'avion; et puis il y a la location de l'avion, là-bas, et de la jeep. Tout ça coûte cher. J'ai payé des sommes importantes. Après tout, c'est ça les affaires.
Catherine:	Quand c'est une bonne affaire c'est très bien, mais . . .
François:	Ceci est une bonne affaire, je le sais. C'est une affaire en or.
Catherine:	Mais alors pourquoi n'ont-ils pas téléphoné?
François:	(excédé) Mais je ne sais pas, moi! Et puis je t'en prie, Catherine, j'ai dit et répété cent fois: mes affaires sont MES affaires. Alors si tu n'as pas encore compris . . .
Catherine:	C'est bien, mon cher François. Ce sont tes affaires. Je te laisse à tes affaires. Moi, je sors.
François:	Tu sors? Où vas-tu?
Catherine:	Ça, c'est MON affaire. Et ''mes affaires sont mes affaires''. D'accord, mon chéri? A tout à l'heure.

Elle sort du salon. François, vexé, attend à côté du téléphone.

A bord de l'avion. Aubin et Nicole. L'avion est seulement à quelques mètres du sol. Il va atterrir dans un petit champ, entre les arbres.

Nicole:	Et maintenant . . . à la grâce de Dieu.
Aubin:	Attention, Nicole! Là, devant nous, il y a de grosses pierres au milieu du champ.
Nicole:	Et alors? Tu vas les enlever peut-être? Moi je veux bien.
Aubin:	Ha ha ha!
Nicole:	Eh, bien, je préfère ça. Pas de panique, tu veux? Avec un avion sans moteur ce n'est pas du gâteau.
Aubin:	Bravo! Tu as passé les pierres.
Nicole:	C'est déjà ça. Mais ça ne va pas être facile. Encore quelques secondes . . . Attention . . . ! Nous allons toucher. Tu es prêt?
Aubin:	Prêt à quoi?

Nicole:	Eh bien nous allons voir . . . Vas-y mon coucou, encore un petit peu, quelques mètres encore . . .Là!

L'avion touche le sol, roule, saute, pousse une pierre, tourne sur la gauche et pique du nez dans la terre. Arrêt brutal. Nuage de poussière. Pas un mouvement à bord . . .

Dans le ciel blanc, trois vautours tournent lentement, en silence, instinctivement. La poussière retombe.
Tout est immobile.

Secondes? Minutes? Le temps, arrêté, n'existe pas. Dans cette partie du monde, le temps n'existe pas, mais trois vautours volent bas au-dessus d'un avion cassé avec un homme et une femme.

Cinq minutes ont passé.

Et voici du mouvement, dans l'avion. Aubin, le premier, a bougé.

Aubin:	Nicole. Nicole . . . Tu es blessée? Nicole, tu vas me répondre?
Nicole:	Oui, oui . . . Qu'est-ce que j'ai fait? J'ai fait tout mon possible, tu sais.
Aubin:	Mais oui, Nicole, et tu as réussi. Nous sommes en vie. Tu n'es pas blessée?
Nicole:	Non. Mais regarde l'avion. J'ai tout cassé.
Aubin:	Allons, allons! Tu dis des bêtises. Ce n'est pas ta faute. Tu as atterri, non? Et nous sommes en vie. Alors?
Nicole:	Oui, sans doute tu as raison. Et maintenant nous allons sortir de cet avion, et vite. Il y a une odeur d'essence . . . Oh là! Mon genou . . .
Aubin:	Tu as mal?
Nicole:	Oui, c'est mon genou droit. Mais ça va, j'ai un peu mal, c'est tout. Je ne suis pas blessée. Et toi?
Aubin:	Ça va maintenant. J'ai perdu connaissance, mais ça va. Tu sais, nous avons perdu connaissance tous les deux, toi et moi.
Nicole:	Qu'est-ce que nous allons faire maintenant? Quelle malchance! L'avion est fichu.
Aubin:	Réparer le moteur, c'est possible?
Nicole:	Je ne sais pas; oui, peut-être; ce n'est pas sûr. Mais regarde, j'ai cassé le train d'atterrissage. Impossible de décoller avec ça, même avec un bon moteur. Non, c'est fichu, je te dis.
Aubin:	Et les caisses! Je vais examiner les caisses.

Aubin remonte dans l'avion. Il examine les caisses. Celles-ci n'ont pas bougé. Elles sont intactes. Il rejoint Nicole.

Nicole: Alors?

Aubin: Tout va bien. Elles sont intactes.

Nicole: C'est déjà quelque chose . . . Mais qu'est-ce que nous allons faire? François attend notre coup de téléphone et nous voici en pleine jungle avec une fortune et pas moyen de sortir de là.

Aubin: Est-ce que nous sommes loin de la route?

Nicole: Je ne sais pas, et toi?

Aubin: Nous avons volé . . . trente minutes peut-être?

Nicole: Oui. Vers le sud. Nous avons suivi la route et puis nous avons tourné vers l'est. Pourquoi?

Aubin: Je pense à Vialat, à la jeep.

Nicole: Ah, le Professeur! Je n'aime pas ce bonhomme . . .

Aubin: Je sais, mais il nous a peut-être vus ou entendus. Il va peut-être arriver.

Nicole: Je ne le pense pas. Et puis quoi? Il est tard. La nuit va tomber. Attendre Vialat ici, sans être sûr? Non, c'est sans espoir.

Aubin: Tu as raison sans doute. Est-ce que nous avons une carte?

Nicole: Oui, j'ai apporté une carte. Et il y a la boussole à bord.

Aubin remonte à bord et prend la carte; mais la boussole est cassée.

Nicole: Une carte et pas de boussole . . . Mais il y a le soleil. Il est . . . là, à gauche; l'ouest est donc par là, à gauche. Il est cinq heures trente, l'ouest est donc par là. Et voilà l'ouest sur la carte.

Aubin: Et où est-ce que nous sommes?

Nicole: Alors vraiment je ne sais pas. Et comment savoir? Il n'y a pas une montagne, pas une colline, pas une rivière, rien.

Aubin: Seulement trois vautours dans le ciel . . . Mais cette route ici sur la carte, près de la frontière?

Nicole: Oui, la route est sur la carte mais je ne la vois pas.

Aubin: Nous allons la chercher. Et nous allons la trouver. C'est le seul moyen.

Nicole: Oui, tu as raison. Attends . . . Elle va nord-sud.

Aubin: Et l'ouest est par là. Nous allons donc aller vers l'est, par ici.

Nicole: Oui c'est ça, avec le soleil derrière nous. Mais . . . après?

Aubin: Cette route, elle va sûrement quelque part. Attends. . . . Tu

.

	vois? Là, sur la carte, il y a un village. . . . Santiago de las Piedras. Et là il y a sûrement un téléphone.
Nicole:	Oui, je suppose. En tout cas c'est la seule solution. Avec un peu de chance nous allons trouver la route.
Aubin:	Alors, tu es prête? Ton genou, ça va?
Nicole:	Oui, ça va. En route.

Ils tournent le dos au soleil et marchent vers l'est, dans la jungle.

Sur la route de Merida, une jeep roule. Le Professeur Vialat est au volant. Il ralentit, il arrête la jeep. Il prend une carte et l'examine.

Vialat: Bien . . . Voici la route. Je suis . . . là, au kilomètre 22. L'avion a décollé là, il a suivi la route et puis il a tourné à l'est, par là. Qu'est-ce qu'ils ont fait après ça, Nicole et Aubin? Je ne sais pas . . . J'ai vu l'avion, j'ai entendu le moteur et puis tout à coup . . . silence. Ils ont atterri, c'est certain. Mais où? Là, peut-être . . . Je vais aller voir. Oui, c'est ça, je vais aller voir. Après tout, j'ai le temps; et avec la jeep ce n'est pas difficile.

Vialat remonte dans la jeep. Il fait demi tour et reprend la route. Ses yeux gris ont un regard étrange.

QUESTIONNAIRE

1. Quel oiseau a donné son nom à l'avion de Nicole?
2. Pourquoi François est-il inquiet?
3. François et Catherine sont certains qu'il y a plusieurs problèmes. Quels sont-ils?
4. Casenave appelle François au téléphone; que veut-il?
5. Comment se passe l'atterrissage?
6. Pourquoi y a-t-il trois vautours qui volent au-dessus de l'avion cassé?
7. Est-ce que quelqu'un est blessé?
8. Une odeur d'essence indique-t-elle un danger? Lequel?
9. Qu'est-ce que c'est, une boussole?
10. La boussole est cassée. De quoi Nicole et Aubin se servent-ils pour trouver la direction de l'est?

6 Halte!

Sur la route. Vialat, dans sa jeep, roule vite. Il roule même très vite. Il a sa carte à côté de lui; de temps en temps il l'examine. Bientôt il arrive à un tournant. Il ralentit. Il arrête la jeep après le tournant et il examine encore une fois la carte.

Vialat: C'est sûrement par là. L'avion est parti par là. Je l'ai vu. Il est descendu par là, à gauche. Je vais donc quitter la route et je vais traverser par ici. C'est possible. Voici un petit chemin. L'avion a certainement atterri pas loin d'ici. Je vais suivre ce chemin et avec un peu de chance . . .

Il repart et quitte la route. Il suit le chemin. Il n'y a pas beaucoup d'arbres et il voit très loin devant lui. De temps en temps il arrête la jeep et regarde autour de lui; il cherche l'avion.

Vialat: Rien. Je ne vois toujours rien. Mais tant pis, je continue . . .

A une bonne distance de là, Aubin et Nicole marchent lentement; ils sont fatigués. Ils ont déjà fait plusieurs kilomètres, traversé un terrain difficile. Nicole a mal au genou.

Aubin: Ça va, Nicole?

Nicole: Oui, bien sûr ça va.

Aubin: Tu vas voir, nous allons bientôt trouver un village, ce village de . . . j'oublie son nom.

Nicole: Santiago de las Piedras. Je l'espère. Et puis là nous allons téléphoner à François. Je le connais, il est certainement impatient.

Aubin: C'est normal, il attend notre coup de téléphone depuis trois ou quatre jours. Tu vas voir, nous allons . . .

Nicole: Aïie! Mon genou.

Aubin: Regarde!

Nicole: J'ai mal. Attends une seconde.

Aubin: Mais regarde, Nicole, regarde!

Nicole: Quoi?

Aubin: Là, devant nous, à un, peut-être à deux kilomètres.

Nicole: Une église . . .

Aubin:	Des maisons. . . .
Nicole:	Un village. C'est sûrement Santiago.
Aubin:	Ah ça, je ne sais pas, mais c'est un village et il y a sûrement un téléphone. Ton genou, ça va?
Nicole:	Oui et non; mais le village n'est pas loin.
Aubin:	Alors? Nous continuons?
Nicole:	Oui, vas-y, je te suis.

Ils continuent leur chemin vers le village.

Aubin:	Attends, je vais t'aider. Tu vas me donner la main et je vais te tirer.
Nicole:	Tu es gentil, Jacques, mais tu sais . . .

Tout à coup, trois soldats, un sergent et deux hommes, les ar-rêtent.

— **Sergent:**	Halte!
Nicole:	Mais . . . Qu'est-ce que c'est que ça? Des soldats?
Aubin:	En tout cas ce n'est pas des bonnes sœurs. Alors là, c'est fichu. Ecoute, tu vas sourire, tu vas être aimable avec eux.
Nicole:	Le premier, le gros avec les moustaches, c'est quoi? Un caporal?
Aubin:	Il est sergent, je crois.
Nicole:	Ça n'a pas d'importance . . .
Sergent:	Halte! Qu'est-ce que vous faites ici?
Nicole:	Bonjour, Messieurs. Bonjour, Lieutenant.
Sergent:	Qui êtes-vous? Vos papiers d'identité.
Aubin:	Nos papiers?
Nicole:	Mais, qu'est-ce que nous avons fait?
Sergent:	Vous avez vos papiers, passeports, visas?
Aubin:	Non. Nous venons d'avoir une . . .
Nicole:	Mais qu'est-ce que nous avons fait?
Sergent:	Qu'est-ce que vous avez fait? Eh bien je vais vous le dire. Vous avez traversé la frontière, sans papiers. Je vous arrête. Vous allez nous suivre.
Nicole:	Et où allons-nous?
Sergent:	A la prison du village. Allez, en route.
Nicole:	Mais écoutez, Lieutenant . . .
Sergent:	Je ne suis pas lieutenant, je suis sergent.
Nicole:	Excusez-moi, Sergent. Alors quoi? Nous avons traversé la fron-tière? Mais, vous savez, c'est une erreur.

Aubin:	Oui, nous avons perdu notre chemin, nous . . .
Sergent:	C'est assez. Vous allez nous suivre. Vos histoires ne m'inté-ressent pas. En route!

Le sergent et ses deux hommes emmènent Nicole et Aubin. Ils arrivent au village. C'est un petit village près de la frontière. Une église, quelques maisons, quelques petites boutiques, un grand bâtiment blanc, la mairie probablement. Dans la rue principale, droite et blanche sous le soleil, deux ou trois vieilles autos et surtout des poules, des petits cochons noirs en liberté, une belle et grande vache brune. Des enfants jouent au football avec une vieille boîte de conserve. Ils voient les trois soldats et leurs deux prisonniers et les suivent. Le sergent appelle un des enfants, un garçon de dix ans.

Sergent:	Hé, Paco! Viens ici. Ecoute. Tu vas aller à la maison. Tu vas dire à ma femme: le Sergent est occupé, il ne ne va pas rentrer tout de suite à la maison. Tu as compris? Alors va vite.

Paco et ses amis courrent chez le sergent et celui-ci emmène ses prisonniers.

Aubin:	Alors c'est ça votre prison?
Sergent:	Elle ne vous plaît pas?
Nicole:	Oui, oui beaucoup, elle est très belle . . .
Sergent:	Vous allez rester ici et je vais vous interroger. Vous d'abord, Madame.

Les soldats enferment Aubin dans une cellule. Le sergent prend deux chaises, une pour lui, une pour Nicole, et il l'interroge.

Pendant ce temps, le Professeur Vialat cherche toujours l'avion. La jeep roule lentement sur un terrain difficile.

Vialat:	Mais, où est cet avion? Je l'ai vu. Il est descendu par ici . . . Ah, voilà des arbres. Il est peut-être derrière ces arbres.

Il continue. Il contourne les arbres. Et tout à coup, à cent mètres, il voit l'avion.

Vialat:	C'est donc ça. Ils ont eu un accident. Qu'est-ce qui est arrivé?

Il arrête la jeep devant l'avion. Il appelle.

Vialat:	Nicole! Jacques! Vous êtes là? Où êtes-vous?

Il descend de la jeep. Il monte dans l'avion.

Vialat:	L'avion est vide. Qu'est-ce qui est arrivé? Ils ont eu un accident, c'est évident, mais où sont-ils?

Il redescend de l'avion et il regarde autour de lui. Il cherche Jacques Aubin et Nicole. Il les appelle. Il revient vers l'avion. Il hésite.

Vialat:	Et les caisses? Est-ce qu'elles sont là? Je n'ai pas regardé tout à l'heure. Je vais voir . . .

Il monte dans l'avion. Les caisses sont là, intactes; elles sont toutes là, pleines de figurines et de masques magnifiques.

Vialat:	Mais où sont-ils tous les deux? Ils sont partis à pied ou quoi? Et les caisses . . . Je ne vais pas les laisser là. Non, c'est trop idiot. Je vais les prendre. Je les sors de l'avion, je les mets dans la jeep et je les emporte à Merida.

Il appelle encore une fois Aubin et Nicole. Et puis il sort les caisses de l'avion et les met dans la jeep. Il fait tout ça très vite. Il ne perd pas de temps. Et quand il a fini, il remonte dans la jeep et il repart immédiatement. Dans ses yeux gris, il y a toujours un regard étrange.

La prison, à la frontière. Deux cellules, l'une à côté de l'autre. Une pour Nicole, l'autre pour Aubin. Les portes des cellules ne sont pas des portes en bois ou en fer; ce sont des grilles; alors il est possible d'entendre l'autre, le voisin. Nicole et Aubin parlent à voix basse.

Aubin:	Hé! Nicole! Tu m'entends?
Nicole:	Oui, je t'entends. Mais attention, fais attention au sergent.
Aubin:	Tu le vois?
Nicole:	Non.
Aubin:	Il est sorti, je crois; il n'y a pas de danger. Qu'est-ce qu'il t'a demandé? Il t'a interrogée, non?
Nicole:	Oui bien sûr, il m'a interrogée.
Aubin:	Et qu'est-ce qu'il t'a demandé?
Nicole:	Mes papiers évidemment.

Aubin:	Oui, à moi aussi.
Nicole:	Et mon identité.
Aubin:	Tu n'as pas parlé de l'avion, j'espère.
Nicole:	Non.
Aubin:	Qu'est-ce que tu as dit?
Nicole:	J'ai dit: eh bien voilà, nous sommes avec un ami, il a une jeep, nous sommes des touristes et . . .
Aubin:	Bravo. Moi aussi j'ai dit ça.
Nicole:	Et puis: c'est notre faute, nous avons traversé la frontière, mais nous sommes innocents.
Aubin:	Eh bien alors, ça va. Moi j'ai dit la même chose.
Nicole:	Et il t'a cru?
Aubin:	Je ne sais pas. Je ne le pense pas. Il est sorti et puis il est revenu et il a recommencé. Il m'a interrogé une nouvelle fois. Toujours la même question. Pourquoi êtes-vous ici? Qu'est-ce que vous faites ici? Alors je lui ai dit: nous sommes en visite, nous sommes des touristes français.
Nicole:	J'ai dit exactement la même chose. Mais alors, pourquoi est-ce qu'il nous garde en prison?
Aubin:	Et puis maintenant, il est encore parti.
Nicole:	Et pour combien de temps est-il parti?
Aubin:	Et où est-il parti? Et pour faire quoi?
Nicole:	Et François attend nos nouvelles.
Aubin:	Et Vialat? Il lui a téléphoné, tu crois?
Nicole:	A qui? A François?
Aubin:	Oui.
Nicole:	Je ne le pense pas. C'est un drôle de bonhomme, ce Vialat.
Aubin:	Il connaît son métier, je pense.
Nicole:	Oui, sûrement, mais je ne l'aime pas. Et puis tu sais . . . Je ne suis pas sûre, évidemment, mais . . .
Aubin:	Quoi?
Nicole	Pourquoi l'avion est-il tombé en panne?
Aubin:	Eh bien, c'est le moteur, non?
Nicole:	Oui, mais c'est curieux tout de même. J'ai bien pensé à tout ça et je ne comprends pas. Le moteur marche bien, il tourne rond et puis tout à coup c'est la panne. Comment expliques-tu ça?
Aubin:	Une panne d'huile, non?
Nicole:	Oui, je le crois et, dans ce cas, ou bien c'est la pompe à huile ou bien . . . c'est un manque d'huile.

Aubin:	Et Vialat, tu penses, a vidé l'huile?
Nicole:	Je ne sais pas.
Aubin:	C'est possible évidemment. Mais pourquoi? Pour prendre les caisses?
Nicole:	Je ne sais pas, Jacques, je ne sais pas!
Aubin:	Moi, je sais une chose. Nous n'allons pas rester ici.
Nicole:	D'accord, mais comment sortir de cette prison?
Aubin:	Je ne sais pas comment, mais nous allons essayer.
Nicole:	Tu as une idée?
Aubin:	Pas vraiment. Tu as de l'argent?
Nicole:	Oui.
Aubin:	Moi aussi. J'ai encore cinq cents dollars.
Nicole:	Et alors?
Aubin:	Tu sais, avec un peu d'argent . . . Il ne gagne certainement pas beaucoup comme sergent. Alors euh . . .
Nicole:	C'est une idée.
Aubin:	Attention, le voilà.
Sergent:	Silence là-dedans! Silence! Il est interdit de parler.
Nicole:	Mais, Sergent . . .
Aubin:	Ecoutez, Sergent, vous ne voulez pas . . . ?
Sergent:	Silence, je vous dis! Vous êtes mes prisonniers et je vous dis: défense de parler. C'est un ordre. Et je vous avertis: encore un mot et vous ne sortez pas de cette prison avant longtemps.

Il met son révolver sur la table, il allume un cigare et regarde ses prisonniers lourdement.

QUESTIONNAIRE

1. Que cherche Vialat?
2. Qui est-ce que Nicole et Aubin rencontrent?
3. Que demandent les gendarmes à Nicole et Aubin?
4. Pourquoi les gendarmes arrêtent-ils Nicole et Aubin?
5. Que pense Nicole de la prison?
6. Est-ce un lieutenant qui interroge Nicole?
7. Comment peut-on expliquer l'accident de l'avion?
8. Qu'est-ce que c'est qu'un touriste?
9. Pourquoi Nicole n'aime-t-elle pas Vialat?
10. Comment Aubin pense-t-il sortir de la prison?

7 Haricots noirs

La maison des Rongier à Neuilly. L'atmosphère est sombre. Toujours pas de nouvelles de Nicole et ses coéquipiers, Aubin et Vialat. Oh, le téléphone sonne, oui il sonne même souvent, mais c'est toujours la même voix, une voix pas très aimable, celle de Léopold Casenave.

Casenave: Alors, vous avez des nouvelles, oui ou non? Mes clients veulent acheter et . . .

François: Mais oui, mon cher ami, je vous comprends, mais qu'est-ce que vous voulez, il y a un petit retard . . .

Casenave: Un petit retard? Vous appelez ça un petit retard, vous? Est-ce que vous avez des nouvelles au moins? Moi, je veux savoir, est-ce que, oui ou non, vous avez ces fameuses figurines? Et je les veux dans quarante-huit heures au maximum.

François: Dans quarante-huit heures au maximum, je sais, vous m'avez déjà expliqué ça, mais . . .

Casenave: Quarante huit heures. C'est ma dernière limite ou alors . . .

François: Ou alors?

Casenave: Ou alors vous me rendez mon argent.

François: Un peu de patience, voyons! Il y a simplement un petit retard. Vous pouvez expliquer ça à vos clients, non? Et ils peuvent attendre un peu.

Casenave: Attendre? Ils peuvent attendre. Ça c'est mon affaire et c'est la leur, mais ce n'est pas la vôtre. Vous et moi, nous avons un contrat et vous avez du retard, voilà tout. Si vous ne voulez pas, ou si vous ne pouvez pas importer les figurines. . . .

François: Mais bien sûr je le veux, et je le peux; vous le savez comme moi.

Casenave: Bien. Ça suffit, je n'ai pas le temps de discuter. Vous m'apportez les figurines dans quarante-huit heures ou alors vous me rendez mon argent. C'est l'un ou l'autre. C'est mon dernier mot, mon dernier mot, vous entendez?

François: Eh bien vous pouvez compter sur moi. Allô? . . . Allô! Qu'est-ce que c'est que ça? Oh, le salopard, il a raccroché.

Rongier raccroche lui aussi. Il est furieux; il est surtout inquiet. Catherine, sa femme, entre dans le salon.

Catherine:	Encore lui?
François:	Oui.
Catherine:	Et qu'est-ce qu'il veut cette fois?
François:	Toujours la même chose. Les figurines ou son argent.
Catherine:	Et pour quand?
François:	Quarante-huit heures, dernière limite.
Catherine:	Et qu'est-ce que tu as dit?
François:	Rien. Je n'ai pas eu le temps. Il a raccroché. Et puis, qu'est-ce que je peux dire? Sans nouvelles de Nicole et de Jacques, qu'est-ce que je peux dire?
Catherine:	Ah, ceux-là!
François:	Comment? Qu'est-ce que tu veux dire?
Catherine:	Eh bien je veux dire euh. . . Est-ce que tu veux vraiment savoir? Je n'ai pas confiance.
François:	Pas confiance? Et comment ça? Et pourquoi?
Catherine:	Eh bien, ils ont sans doute trouvé des objets magnifiques, et puis ils ont pensé: pourquoi faire ce travail pour François? Nous pouvons le faire pour nous. Ils connaissent le prix de ces objets et ils sont partis avec, voilà mon idée.
François:	Oh toi et tes idées!
Catherine:	Alors, pourquoi n'ont-ils pas téléphoné? Est-ce que tu peux expliquer ça?
François:	Non bien sûr.
Catherine:	Et bien, moi je te le dis, cette Nicole est une aventurière.
François:	Tu es jalouse, voilà tout.
Catherine:	Et toi tu es amoureux probablement.
François:	Tu dis des bêtises.
Catherine:	Je dis, et je répète, cette femme est une aventurière. Est-ce qu'elle est pilote, oui ou non?
François:	Mais oui, elle est pilote. Et puis alors?
Catherine:	Elle a donc le goût de l'aventure. Elle est prête à tout.
François:	C'est ridicule.
Catherine:	Toi, tu es ridicule. Tu ne veux pas voir la situation. Tu es prêt à tout pour elle. C'est ton ancienne amie, non?
François:	Tu es bête. C'est fini depuis longtemps.
Catherine:	Tu es toujours amoureux d'elle et elle le sait, tu peux me croire.
François:	Pour moi elle est pilote et pas autre chose.
Catherine:	Et moi je ne suis pas ta banque.
François:	Pas ta banque? Qu'est-ce que ça veut dire? Pourquoi?

Catherine:	Pourquoi? Parce que Casenave veut son argent. Alors, je te connais, tu vas me demander de l'argent. Eh bien je te dis non. Je ne veux pas perdre mon argent pour une fille comme cette Nicole.
François:	Oui, oui, je sais, tu ne veux pas "financer mes ex-fiancées" et patati et patata!

C'est toujours la même chanson entre François et Catherine Rongier. Querelles, questions d'argent, jalousie; ce n'est pas très sympathique.

Dans leur prison d'Amérique Centrale, Aubin et Nicole ont d'autres difficultés. Comment sortir de là? Ils essaient de communiquer, d'une cellule à l'autre à voix basse.

Aubin:	Nicole? Tu m'entends?
Nicole:	Oui, qu'est-ce qu'il y a?
Aubin:	Pour sortir d'ici . . . je ne sais pas, moi, mais nous pouvons peut-être téléphoner au Consulat de France.
Nicole:	Et dire quoi? Et puis comment téléphoner d'ici?
Aubin:	Avec la permission du sergent.
Nicole:	Mais nous sommes ses prisonniers.
Aubin:	Nous pouvons toujours demander.
Nicole:	Bien sûr, mais j'entends déjà sa réponse.
Aubin:	Oui, tu as probablement raison . . .
Nicole:	Tu sais, il n'a rien à faire de toute la journée et maintenant il a deux prisonniers, deux prisonniers étrangers. Alors il est bien content, et il veut nous garder.
Aubin:	Il veut nous garder, il veut nous garder, c'est bien joli, mais pour combien de temps? Il ne peut pas nous garder ici pendant des années. Et puis moi, je veux sortir de cette prison . . . J'ai faim.
Nicole:	Oui, moi aussi. Une assiette de haricots noirs et un verre d'eau . . . ce n'est pas fameux.
Aubin:	Que veux-tu? Nous ne sommes pas à Paris. Tiens, dis-moi, tu connais ce petit bistrot Rue de Seine?
Nicole:	Lequel? "Chez Julienne"?
Aubin:	Oui. C'est vraiment bon.
Nicole:	Ça c'est drôle, j'ai mangé là juste avant de partir.
Aubin:	Et toi, tu fais bien la cuisine?
Nicole:	Oui, pas mal.
Aubin:	Eh bien, c'est entendu. Je te sors de prison, nous rentrons à Paris,

tu m'invites chez toi et nous faisons un bon petit dîner. Je veux manger euh . . . attends . . . des haricots noirs à la . . . Sargento Hernández de la Cárcel de San Jerónimo de todas las Américas. C'est délicieux.

Nicole: Un régal.

Aubin: Mm . . . je les sens d'ici.

Nicole: C'est entendu. Tu veux vraiment manger des haricots noirs? Eh bien je t'invite, pour le déjeuner, ici, dans ma jolie petite cellule. Ah, voilà notre ami.

Sergent: Silence! Il est interdit de parler. . . Par ici.

Aubin: Nous pouvons sortir?

Sergent: Je veux vous interroger. Par ici . . .

Nicole: Nous pouvons vraiment sortir?

Sergent: Oui. Venez.

Aubin: Est-ce que nous pouvons sortir de la prison? Nous voulons déjeuner dans un bon restaurant.

Sergent: Monsieur le prisonnier est très drôle. Monsieur le prisonnier a de l'humour. Eh bien, moi aussi j'ai de l'humour.

Aubin: Ah, voilà une bonne nouvelle.

Sergent: Mais pas aujourd'hui.

Aubin: Oh . . . !

Sergent: Demain peut-être. Vous pouvez me croire.

Aubin: Ah oui, "demain". Demain, voilà un beau mot.

Sergent: Si Señor, mañana.

Aubin: Ou alors . . . après-demain peut-être?

Sergent: Exactement. Très bien. Vous me comprenez, je vous comprends, c'est parfait.

Il offre deux chaises à ses prisonniers. Il prend un grand fauteuil pour lui.

Bien. Et maintenant nous allons parler calmement. Alors?

Aubin: Eh bien . . . je vais être franc avec vous, Sergent. Je veux sortir d'ici.

Nicole: Moi aussi.

Aubin: Hé oui, nous voulons sortir d'ici.

Sergent: Ah, je vois. Vous voulez sortir d'ici. Eh bien, je vais vous dire. Ce n'est pas très facile.

Aubin: Oh, vous savez, nous . . . nous voulons bien . . . comment dire?

Nicole: Faire un petit effort?

Aubin:	Oui, c'est ça, faire un petit effort. Et vous aussi peut-être?
Sergent:	Peut-être.
Aubin:	Ah! Vous voyez bien.
Sergent:	Mais pas aujourd'hui.
Aubin:	Mañana.
Sergent:	Peut-être . . .
Aubin:	Mañana, qu'est-ce que ça veut dire exactement?
Sergent:	Ça veut dire euh. . . . quand les choses sont possibles.
Nicole:	Et ça ne veut jamais dire ''aujourd'hui''?
Sergent:	Jamais.
Aubin:	Et ça ne veut pas toujours dire ''demain''?
Sergent:	Peut-être. Pourquoi est-ce que vous avez traversé la frontière?
Aubin:	Mais je vous l'ai dit.
Sergent:	Oui, vous me l'avez dit. Vous aussi, Madame. Mais je ne vous crois pas.
Nicole:	Vous ne nous croyez pas, mais c'est la vérité. Nous avons perdu notre chemin.
Sergent:	Votre chemin? Quel chemin? Le chemin pour aller où? Pour quoi faire?
Nicole:	Mais c'est simple, non? Nous avons eu un accident et nous. . . .
Sergent:	Un accident?
Aubin:	*(à voix basse)* Tais-toi.
Sergent:	Alors Madame a eu un accident?
Aubin:	Mais non.
Sergent:	Mais si. Madame vient de me le dire. Un accident? Un accident de quoi? De chemin de fer? De voiture? D'avion? Vous allez penser à votre accident et vous allez me le dire où. Vous avez deux minutes.
Nicole:	Ecoute, Jacques, c'est peut-être une bonne idée.
Aubin:	Quoi? Expliquer notre accident? Dire où est l'avion? Il va certainement vérifier, il va trouver les caisses et nous sommes fichus.
Sergent:	Vous savez, moi, je ne suis pas complètement idiot. Je suis un gros sergent avec des moustaches, je fais l'imbécile, mais je ne suis pas idiot. Moi, je sais.
Aubin:	Vous savez quoi?
Sergent:	Vous venez de parler d'un accident et d'un avion. Est-ce la vérité?

Nicole:	Oui, c'est exact. Nous sommes touristes. C'est un petit avion de tourisme.
Sergent:	Eh bien, voilà une bonne nouvelle. Je vais vérifier, je vais vérifier avec la police.
Aubin:	La police?
Sergent:	Oui, de l'autre côté de la frontière. Et si c'est la vérité, pour moi c'est fini, vous pouvez partir. Peut-être demain . . . ! (*il rit*)

Il rit et les conduit dans leurs cellules.

Pendant ce temps, Vialat roule sur la route de Merida. Il a chargé les caisses avec les figurines sur la jeep et il roule, il roule même très vite. Mais voici des maisons, une église, une place, un village. Il ralentit. Il arrête la voiture devant le bureau de poste et il entre.

Vialat:	Pardon, Mademoiselle, je veux téléphoner, s'il vous plaît.
Postière:	Oui, Monsieur, c'est pour où?
Vialat:	Paris.
Postière:	Paris? Quoi, en France?
Vialat:	Oui, en France . . . Est-ce qu'il y a de l'attente?
Postière:	Je vais voir. Un instant s'il vous plaît.
Vialat:	C'est urgent, je veux la communication tout de suite.
Postière:	Ah, vous savez . . .
Vialat:	Ecoutez, Mademoiselle, je vous en prie, je veux cette communication tout de suite. C'est extrêmement urgent.

Vialat insiste. Il regarde autour de lui. Il est nerveux, inquiet. Il insiste encore.

Vialat:	Je vous en prie, Mademoiselle, c'est urgent. S'il vous plaît. . .

QUESTIONNAIRE

1. Pourquoi Casenave est-il furieux contre François?
2. Dans combien de temps "au maximum" veut-il ses figurines?
3. François dit "Vous pouvez compter sur moi"; croyez-vous que Casenave puisse vraiment compter sur François?
4. Est-ce que Catherine est jalouse de Nicole?
5. Qu'est-ce que c'est qu'une aventurière?
6. Pourquoi le sergent de la prison veut-il garder ses prisonniers?
7. Qu'est-ce que les prisonniers ont mangé?
8. Où le sergent va-t-il interroger les prisonniers?
9. Quand Nicole et Aubin peuvent-ils partir?
10. A qui téléphone Vialat?

8 Vingt et un

Retour à la prison. Aubin et Nicole sont dans leurs cellules. Ils attendent, ils espèrent. Le sergent, lui, est à son bureau et il téléphone. Il téléphone . . . c'est beaucoup dire; il essaie de téléphoner. Ce n'est pas un téléphone automatique, c'est un appareil manuel; et la ligne n'est pas fameuse. Le Sergent crie comme un sourd.

Sergent: Allô, allô! Allô, Señorita. . . Vous nous avez coupés. Ici le poste frontière de San Jerónimo. Je veux parler à Santiago de las Piedras . . . Allô, allô! Allô, le Capitaine Arias? Ici le Sergent Hernández de San Jerónimo . . . Comment? . . . . Non. Her-nández. . . . Her-nán-dez! . . . Oui, mon Capitaine. . . . Non, mon Capitaine. . . . Oui, la ligne est très mauvaise. Vous m'entendez? . . . . Oui je vous ai appelé parce que j'ai ici deux prisonniers, deux Français, un homme et une femme. Ils viennent de chez vous . . . Ils ont traversé la frontière. Ils n'ont pas de papiers, pas de passeports, rien. . . . Oui, ils disent que . . . Ils disent qu'ils sont touristes, qu'ils ont eu un accident d'avion . . . Un petit avion de tourisme, je crois . . . Mais non, mon Capitaine, je ne sais pas. Je pense que peut-être ce ne sont pas des touristes; je pense que peut-être c'est une histoire de contrebande . . . Je ne sais pas, moi; un trafic de drogue peut-être . . . Alors voilà, je vous demande ceci: est-ce qu'il y a eu un accident d'avion? . . . Où? Mais chez vous . . . Comment? Je ne vous entends pas. . . . Je dis: un accident d'avion. Un petit avion de tourisme . . . Oui, mon Capitaine . . . *(en aparte)* Quel idiot! *(au téléphone)* Oui je sais, mon Capitaine, mais je veux savoir ceci: qu'est-ce qu'il y a dans cet avion? . . . . Mais moi, je ne peux pas aller chez vous, je ne peux pas entrer dans votre pays, je ne peux pas aller voir. Alors euh. . . Vous voulez bien? . . . . Vous allez envoyer une patrouille et vous allez chercher cet avion? Alors très bien, je vous remercie. . . . Et vous me rap-pelez? . . . . Oui, je suis . . . je suis le Sergent Hernández, mon Capitaine. Je vous remercie, mon Capitaine. A vos ordres, mon Capitaine. Au revoir, mon Capitaine.

Vous êtes un imbécile, mon Capitaine. S'il est Capitaine, celui-là, moi je suis Général.

Le sergent va devant un grand miroir. Il passe la main sur sa belle moustache. Il allume un cigare. Il salue.

General Hernández. General José Luis María Hernández del Ejército Nacional y de la República!

Sous sa voix forte le miroir vibre. Le général aussi.

Dans leurs cellules, Aubin et Nicole n'ont pas bien entendu la conversation téléphonique.

Aubin:	Tu as entendu, toi?
Nicole:	Non, pas tout.
Aubin:	Je crois qu'il a parlé de contrebande, non?
Nicole:	Oui, je crois que oui. Et puis je crois que j'ai entendu le mot "drogue".
Aubin:	Non? Vraiment?
Nicole:	Je crois que oui.
Aubin:	Ça c'est mauvais. S'il croit que nous avons de la drogue, nous sommes ici pour longtemps.
Nicole:	Oui, mais nous n'avons pas de drogue, alors nous sommes tranquilles.
Aubin:	Oui, mais il a aussi parlé de contrebande et nos caisses avec les figurines, c'est de la contrebande.
Nicole:	Pour les autres de l'autre côté de la frontière, oui.
Aubin:	Pourquoi as-tu parlé de l'avion?
Nicole:	Pourquoi, pourquoi. . . ? Je ne sais pas. J'ai dit ça comme ça. C'est idiot, je sais, mais . . .
Aubin:	Ce n'est pas ta faute.
Nicole:	C'est tout de même idiot.
Aubin:	Peut-être que c'est une bonne chose. Ils vont chercher l'avion. Ils vont le trouver. Ils vont vérifier, mais ils ne vont peut-être pas ouvrir les caisses.
Nicole:	Et à ce moment-là, ils vont croire que nous avons dit la vérité.
Aubin:	Pourquoi pas?
Nicole:	Le sergent l'a dit: "si vous avez dit la vérité, si vous êtes vraiment des touristes, vous êtes libres".
Aubin:	Alors, tu vois, tu as peut-être bien fait.

Nicole:	*(à voix basse)* Attention, voici le sergent.
	Le sergent revient. Il a l'air tout à fait content. Il fume son cigare. Il sourit. Il approche des cellules d'Aubin et de Nicole.
Sergent:	Alors, qu'est-ce que vous racontez? De quoi est-ce que vous parlez tous les deux?
Nicole:	Nous? De rien.
Aubin:	Non. De rien. Et votre coup de téléphone?
Sergent:	Mon coup de téléphone . . . ?
Aubin:	Vous venez de téléphoner, non?
Sergent:	Ah! Oui, oui, vous avez raison.
Aubin:	Et vous avez appris quelque chose?
Sergent:	Non.
Nicole:	Mais vous savez enfin et vous croyez que nous sommes des touristes, n'est-ce pas?
Sergent:	Oh, moi, vous comprenez, je ne sais rien. Mais j'ai téléphoné, j'ai demandé des renseignements. Alors nous allons bien voir. Nous allons attendre une réponse et nous allons bien voir.
Nicole:	Nous allons attendre encore longtemps?
Sergent:	Non, sûrement pas. Et puis nous allons faire une petite partie de cartes, alors le temps va passer très vite.
Aubin:	Une petite partie de cartes . . . Quoi? Un poker?
Sergent:	Non, moi je ne joue pas au poker. Vingt et un, vous connaissez?
Aubin:	Vingt et un? Oui, bien sûr je connais.
Nicole:	Qu'est-ce que c'est?
Sergent:	Vous allez voir, c'est très facile. Je vais vous expliquer ça. Vous permettez?
	Il prend une chaise et une petite table et il les approche de la grille des cellules. Il tire un paquet de cartes de la poche de sa chemise. Il bat les cartes.
Sergent:	Si vous voulez, vous pouvez expliquer à Madame . . .
Aubin:	Non, je vous remercie.
Sergent:	Très bien. Alors je vais le faire moi-même. Vous allez voir que c'est très simple. Vous connaissez les cartes?
Nicole:	Oui. As, roi, dame, valet.
Sergent:	Dix, neuf, huit, sept et la suite. Bien. Le roi, la dame, le valet, le dix, valent dix points. L'as, lui, vaut onze points ou un point.
Nicole:	L'as vaut . . . onze ou un.

Sergent:	Si vous avez un as et un dix, ou un roi, vous avez vingt et un points.
Nicole:	Oui et alors?
Sergent:	Eh bien, à ce moment-là vous avez gagné et vous montrez vos cartes.
Nicole:	Très bien. Et si je n'ai pas vingt et un points?
Sergent:	Alors, vous demandez une autre carte. Je suppose que vous avez un valet et un trois.
Nicole:	Ça fait . . . treize points.
Sergent:	Alors vous demandez une autre carte. La banque vous donne une carte. Je suppose que cette carte c'est un huit. Treize et huit, vingt et un. Vous avez gagné.
Aubin:	Oui, mais tu ne le dis pas. Tu gardes tes cartes. Tu dis simplement: je suis servie; et tu attends.
Nicole:	Et les autres continuent à jouer. Bon. Je crois que j'ai compris.
Sergent:	Alors nous jouons?
Nicole:	Nous jouons.
Aubin:	Pour de l'argent?
Sergent:	Oui, pour quelques pesos.
Aubin:	Moi je veux bien.
Sergent:	Je prends la banque, d'accord?

Le sergent prend les cartes et les distribue.

Sergent:	Voilà. Deux cartes chacun . . . Cartes?
Nicole:	Oui. Une pour moi et je mets cinq pesos.
Aubin:	Moi aussi.
Sergent:	Et moi . . . trois pesos. Voilà une carte pour vous, un quatre. Une autre?
Nicole:	Oui.
Sergent:	Voilà un trois.
Nicole:	Merci. Ça suffit.
Sergent:	Et vous?
Aubin:	Oui.
Sergent:	Voici un dix. Encore?
Aubin:	Ça va; merci.
Sergent:	Combien avez vous?
Nicole:	Dix-huit.
Aubin:	Dix-neuf. Et vous?
Sergent:	Un roi, une dame. Vingt.

Nicole:	Alors, il a gagné?
Sergent:	*(il rit)* Oui, j'ai gagné.

Il prend l'argent et le met devant lui.

Sergent:	Une autre partie?

Ils jouent plusieurs parties. Le sergent les gagne toutes. Il est d'excellente humeur. Entre les parties il raconte des histoires.

Sergent:	Vous connaissez l'histoire de la souris et du lapin?
Nicole:	Non.
Sergent:	Ah non, pardon, ce n'est pas ça. C'est l'histoire de la souris et de l'éléphant.
Aubin:	Ah non, celle-là je ne la connais pas.
Sergent:	Alors, je peux la raconter. Elle est très drôle. Je crois qu'elle va vous faire rire. Alors voilà. C'est une souris, n'est-ce pas, et . . . C'est le contraire. C'est un éléphant. En Afrique. Il fait sa promenade et . . . et alors il rencontre une souris, une toute petite souris. Alors, évidemment, il a un peu peur; vous savez, les éléphants ils ont facilement peur des souris. Alors, il dit à la souris . . . Attendez, une seconde . . . Oui, c'est bien ça; il dit à la souris, l'éléphant n'est-ce pas dit à la souris euh . . . Vous êtes bien petite, Mademoiselle.
Nicole:	Ah ben oui, c'est très drôle.
Sergent:	Mais non, mais non, mais non, je n'ai pas fini. Et alors la souris répond à l'éléphant: oui, Monsieur, c'est vrai—attendez, attendez, je n'ai pas encore fini. Donc elle dit . . . Enfin l'éléphant lui dit: vous êtes bien petite, Mademoiselle. Et elle répond: oui, Monsieur, c'est vrai, mais je viens d'être malade. *(maintenant, il rit comme deux fous).*

Ils font encore une petite partie de cartes et le sergent gagne.

Sergent:	Et l'histoire du zèbre, vous ne la connaissez pas? Elle est très drôle. Je crois que . . . enfin je veux dire que, même devant une dame, je peux la raconter.
Nicole:	Je vous en prie.
Sergent:	Eh bien voilà, c'est un zèbre et . . . Nous sommes en Afrique encore une fois. Ce zèbre il est très jeune, vous comprenez. Il ne connaît pas le monde et il rencontre un mouton et il dit: Bonjour, qui êtes-vous? Moi, je suis un mouton. Et qu'est-ce que vous

faites? Moi? Je fais de la laine. Et puis il continue et il rencontre une vache. Il dit: Bonjour. Qui êtes-vous? Je suis une vache. Une vache? Vraiment? Et qu'est-ce que vous faites? Ah moi, je fais du lait. Et il répond: Oh que c'est très intéressant et il continue. Et puis il rencontre des poules, et puis des canards, et puis des chèvres et puis . . . Vous savez, en Afrique, il y a de tout. Alors, pour finir, le zèbre il rencontre un taureau. Alors il lui dit: Bonjour, Monsieur. Qui êtes-vous? Et moi, je suis un taureau. Et le zèbre lui demande: Et qu'est-ce que vous faites? Ah ha! répond le taureau. . . .

Le téléphone sonne et le sergent va répondre. Aubin et Nicole écoutent la conversation. Déjà les nouvelles de l'autre côté de la frontière? Non, pas encore.

Aubin:	Je crois qu'il parle à quelqu'un du village.
Nicole:	Moi, je crois qu'il triche aux cartes. Tu ne crois pas?
Aubin:	Oui, probablement.
Nicole:	Il a gagné toutes les parties. Je suis sûre qu'il triche.
Aubin:	Et alors? Ça n'a pas d'importance. Et même, tu vois, je trouve que c'est très bien. Ça montre qu'il aime l'argent. Nous pouvons lui offrir de l'argent et sortir d'ici.
Nicole:	Attention, le revoici.
Aubin:	Ecoute. S'il veut tricher nous le laissons faire.
Nicole:	Oui, tu as raison.

Le sergent revient. Il reprend les cartes.

Sergent:	Encore une petite partie? Déjà deux heures. C'est l'heure de manger. Bon. Ecoutez bien, vous deux. Vous allez rester ici bien tranquillement et moi je vais m'acheter une bière.
Aubin:	Ah, ça c'est une bonne idée. Nous pouvons avoir une bière aussi? Tenez, voici vingt dollars. Vous pouvez nous acheter deux bières et . . . garder la monnaie.
Sergent:	Comment? Garder la monnaie? Accepter de l'argent? Moi, un sergent de l'Armée Républicaine? Mais c'est de la corruption! La corruption, jamais! Je suis un honnête homme, moi; je suis le père de douze enfants, un bon citoyen et un bon soldat. Et vous voulez m'acheter? Moi? Jamais! Vous pouvez rester en prison!
Nicole:	Toi avec tes vingt dollars . . . C'est fichu maintenant. C'est malin, vraiment malin.

Aubin: Mais non, tu ne comprends rien. J'ai été bête, c'est vrai, mais seulement parce que je lui ai offert vingt dollars, et seulement vingt dollars. Tout à l'heure je vais lui offrir cinquante dollars et ça, ça peut faire toute la différence.

QUESTIONNAIRE

1. A qui téléphone le sergent?
2. Que pense le sergent au sujet de ses 2 prisonniers?
3. Pourquoi le sergent ne peut-il pas aller chercher l'avion?
4. Qu'est-ce que le capitaine va envoyer pour chercher l'avion?
5. La contrebande, qu'est-ce que c'est?
6. Le sergent a-t-il obtenu les renseignements qu'il voulait?
7. Combien vaut l'as, au vingt et un?
8. Qui gagne toutes les parties de cartes?
9. Le sergent triche au cartes. Pourquoi Aubin trouve-t-il que cela n'a pas d'importance?
10. Pourquoi le sergent paraît-il insulté?

9 Poker

Un petit village sur la route de Merida. La place du village, une jeep devant le bureau de poste et, dans ce bureau, le Professeur Vialat. Il a demandé une communication téléphonique avec Paris; et maintenant il attend, mais il est impatient.

Vialat: Alors, Mademoiselle, cette communication pour Paris, ça vient?

Téléphoniste: Mais oui, Monsieur. Il y a de l'attente; voilà tout. Mais vous pouvez être tranquille, ça va venir bientôt.

Vialat: Je l'espère. Et vous m'appelez, n'est-ce pas?

Téléph.: Je vous appelle . . .

Vialat attend. Il prend une feuille de papier et il écrit. Il écrit des chiffres. Il écrit aussi quelques notes.

Vialat: *(écrivant)* Statuettes, figurines, petites: trois, non, quatre mille francs chacune. Moyennes: dix mille. Grandes: vingt mille. Masques: quarante; cinquante mille chacun. Il y a une fortune là-dedans . . .

La téléphoniste l'appelle.

Téléph.: Voilà, Monsieur, ça y est, j'ai Paris pour vous.

Vialat: Merci.

Téléph.: Vous pouvez prendre la communication à la cabine.

Vialat: Où?

Téléph.: La cabine qui est là dans le coin.

Vialat va vers la cabine. Il décroche le téléphone.

Vialat: Allô, allô? . . . . Robert? C'est moi; Jean. Je t'appelle longue distance, du Mexique . . . Oui, tout va très bien. Ça va même très bien, mais j'ai besoin de toi. Tu peux m'aider? . . . . Mais non, je te dis que tout va très bien. Tu as du papier et un crayon? . . . Alors voilà. A l'angle de la Rue Jacob et de la Rue Bonaparte, tu écris? . . . Bien. A l'angle de ces deux rues, il y a un magasin d'antiquités. Tu le connais? . . . . Oui c'est ça, le magasin qui fait l'angle de ces deux rues. Tu vas aller dans ce magasin. Tu vas demander le propriétaire de ma part. Tu peux dire: de la part de l'archéologue du Yucatan . . . Tu lui dis que je suis ici au Mexique et que j'ai une collection très importante pour lui . . . Non, non pas de détails. Tu dis simplement une collection, une collection qui vient de . . . Comment? . . . Tu peux lui dire une collection d'objets mayas qui sont magnifiques. Et tu lui dit aussi que je reviens bientôt à Paris; je ne sais pas exactement quand mais je reviens bientôt. Et je lui offre ces objets à un bon prix; je peux les envoyer dans quelques jours; mais je veux mon argent tout de suite, à mon retour à Paris. C'est compris? . . . . Tu peux faire ça pour moi? C'est très urgent, tu comprends. Tu peux aller le voir aujourd'hui? . . . . Oui c'est ça, à l'angle de la Rue Jacob et de la Rue Bonaparte . . . Merci. Tu es gentil. Je te laisse maintenant. Au revoir.

Le Professeur Vialat demande combien il doit, paie la communication, sort du bureau de poste et remonte dans la jeep.

Dans leur prison, Aubin et Nicole attendent derrière les grilles de leurs cellules.

Aubin:	Ecoute, Nicole, tu peux me croire. Ce sergent n'est pas un homme facile, mais l'argent l'intéresse, Et c'est ça qui compte.
Nicole:	Il l'a refusé, ton argent.
Aubin:	Il n'a pas refusé mon argent, il a refusé vingt dollars; ce n'est pas pareil. Nuance . . .
Nicole:	Et il t'a dit: moi je n'accepte pas d'argent.
Aubin:	Je sais, je sais, mais c'est du bluff; maintenant il joue au poker. Tu peux me croire. Et puis, tu le sais bien, François attend de nos nouvelles à Paris; je veux sortir d'ici.
Nicole:	Et nous avons maintenant quatre ou cinq jours de retard. Quand je pense que nous avons toutes ces caisses dans l'avion.
Aubin:	Je l'espère . . .
Nicole:	Qu'est-ce que tu veux dire?
Aubin:	Rien. Enfin euh . . . la police, l'armée a peut-être trouvé les caisses.
Nicole:	Et moi, je ne sais pas mais . . . je pense aussi à Vialat.
Aubin:	Tu crois . . . ?
Nicole:	Je te l'ai dit, je n'aime pas ce type; il a quelque chose que je n'aime pas.

Aubin:	Moi, je pense qu'il nous attend à l'hôtel Tropicana, bien tranquillement. Tiens, voilà le sergent qui revient.

En effet, voilà le sergent qui arrive.

Aubin:	Et regarde . . . Tu as vu?

Il porte trois bouteilles de bière. Il les met sur la table.

Aubin:	C'est sûrement pour nous. Et voilà ma chance. Je vais lui donner cinquante dollars pour la bière.
Nicole:	Attention, s'il te plaît. Il n'a pas l'air de bonne humeur.
Sergent:	Eh bien voilà. Vous avez demandé de la bière. Je vous apporte deux bouteilles.
Nicole:	Ah, merci, Sergent; merci beaucoup.
Aubin:	Oui, c'est vraiment très gentil, mais . . . attendez.

Aubin sort un billet de cinquante dollars de sa poche.

Aubin:	Bien sûr, nous voulons vous payer.
Sergent:	Oh, ce n'est pas pressé, ça peut attendre.
Aubin:	Mais voyons, Sergent, ça coûte de l'argent. Je veux vous payer tout de suite.
Sergent:	Non, non, ça va, ça n'a pas d'importance. Je vous dis que ça peut attendre.

Il regarde le billet de cinquante dollars dans la main d'Aubin.

Sergent:	Et puis je n'ai pas de monnaie . . .

Est-ce qu'il sourit vraiment? Aubin n'est pas sûr. Il préfère attendre.

Le sergent ouvre deux bouteilles de bière et les donne à ses prisonniers. Puis il prend une vieille machine à écrire dans une armoire et il la met sur la table. Il prend une feuille de papier et la met dans la machine. Il a l'air très sérieux. Est-ce parce que c'est un travail difficile pour lui? Il commence à taper, lentement, avec un doigt. Ça ne fait pas un bruit de mitrailleuse! Pour un sergent de l'Armée de la République, c'est maigre.

Aubin:	Qu'est-ce que vous faites?
Sergent:	Silence!
Aubin:	Mais . . .

Sergent:	C'est moi qui pose les questions.
	Alors, Madame . . . ? Votre identité.
Nicole:	Mais je vous l'ai donnée.
Sergent:	Eh bien, vous pouvez me la donner encore une fois.
Nicole:	Mais pourquoi?
Sergent:	Ici, c'est moi qui pose les questions. Votre nom?
Nicole:	Tourneur.
Sergent:	Prénoms?
Nicole:	Nicole, Simone, Ernestine.
Aubin:	*(il rit)* Ernestine!
Nicole:	Tu vas voir, il va t'interroger toi aussi.
Sergent:	Silence, s'il vous plaît! Lentement; j'écris à la machine. Prénoms?
Nicole:	Nicole. Simone. Ernestine.
Sergent:	Lieu et date de naissance.
Nicole:	Paris. 25 avril 1950.
Sergent:	Adresse?
Nicole:	Mais je vous ai déjà dit tout ça.
Aubin:	Vas-y, Ernestine!
Nicole:	Ta gueule . . . Marcel.
Sergent:	Lentement, s'il vous plaît, lentement. Adresse?
Aubin:	27 Boulevard Tagueul Marcel.

Le sergent essaie d'écrire cette adresse à la machine; ça n'a pas l'air facile. Aubin et Nicole rient. Le sergent n'ose pas poser la question de nouveau. Mais il demande:

Sergent:	A Paris?
Nicole:	Oui, à Paris.
Aubin:	Dans le 16ème arrondissement bien sûr.
Sergent:	Profession.
Nicole:	Sans.
Sergent:	Comment?
Nicole:	Sans. Sans profession.
Sergent:	But de la visite?
Nicole:	Où?
Sergent:	But de la visite dans la République.
Nicole:	Vraiment je ne suis pas sûre; attendez une seconde. Qu'est-ce que je peux lui dire?
Aubin:	Tu peux dire euh . . . raisons de famille.

Nicole:	Mais voyons, Sergent, c'est ridicule!
Sergent:	*(imperturable)* Durée de la visite?
Nicole:	Si ça continue comme ça, deux ans.
Aubin:	Minimum. C'est tellement gai ici.
Nicole:	Mais pourquoi ces questions ridicules?
Sergent:	Vous êtes venus sans papiers. Je remplis vos papiers. C'est le règlement.
Nicole:	*(à voix basse)* Mais qu'est-ce qu'il veut?
Aubin:	Rien. Il passe le temps. Il veut nous fatiguer. Et puis tout à l'heure il va nous demander de l'argent, pour la bière. Il me donne le temps, le temps de réfléchir. Il a déjà refusé vingt dollars. Il n'a pas accepté cinquante dollars, alors il attend probablement cent dollars. Il a le temps, lui, mais nous . . .

Le sergent continue à poser ses questions. C'est le règlement.

A Neuilly, chez Rongier, le téléphone sonne encore une fois . . .

François:	Catherine, tu veux répondre?
Catherine:	C'est sûrement pour toi. C'est sûrement Casenave qui t'appelle.
François:	Eh bien, justement. Tu ne veux pas répondre?
Catherine:	Non. Tes affaires avec Casenave ne m'intéressent pas.
François:	Allô . . .
Casenave:	Allô, Léopold Casenave à l'appareil.
François:	Oui. Bonjour.
Casenave:	Ecoutez, mon cher ami, je viens de recevoir des nouvelles très intéressantes.
François:	Ah?
Casenave:	Oui. Une offre très intéressante de masques et de figurines.
François:	Comment? Qu'est-ce que vous dites?
Casenave:	Eh oui, vous m'avez bien entendu: des objets magnifiques qui viennent de là-bas.
François:	Vous m'étonnez.
Casenave:	Peut-être, mais c'est la vérité. Ces objets vont arriver bientôt, alors évidemment je veux mon argent tout de suite. Ce soir. Notre affaire est terminée.

Rongier fait une drôle de tête, mais pas pour longtemps; il réagit aussitôt.

Casenave:	Allô, allô, vous m'entendez?

François:	Oui, parfaitement. Et maintenant c'est moi qui vais vous étonner, mon cher. Eh bien, c'est d'accord.
Casenave:	Comment, d'accord?
François:	Pour votre argent. Mais je vous avertis: ces objets que vous dites sont des faux. *(il rit)* Je viens de les refuser!
Casenave:	Vraiment?

Rongier rit de nouveau. Ça marche . . . Son mensonge marche.

François:	Oui, ce sont des faux, de "vrais faux" si je peux dire . . . Et maintenant, moi aussi j'ai des nouvelles. Dans une heure exactement j'attends une caisse.
Casenave:	Vous êtes sérieux?
François:	Vous me connaissez, mon cher Léopold . . . Alors voilà. Dans une heure les objets sont ici. Vous me donnez une heure pour ouvrir les caisses, examiner les objets et les évaluer et je vous rappelle dans deux heures. D'accord?
Casenave:	Eh bien . . . dans ces conditions, c'est d'accord.
Catherine:	Alors?
François:	Il dit que quelqu'un lui a téléphoné et lui a offert des masques et des figurines.
Catherine:	Qui viennent d'où?
François:	Du Yucatan. Alors je lui ai dit: pas de chance ce sont des faux, je viens de les refuser, et puis moi aussi je viens de recevoir des objets.
Catherine:	Mais . . .
François:	J'ai des figurines ici. Quand j'ai vendu les autres à Vialat il m'a laissé celles-ci. Il m'a dit: c'est très beau, c'est très bien fait, mais ce sont des faux; seul un expert peut le voir. Alors voilà; je vais les vendre à Casenave.
Catherine:	Mais tu es fou!
François:	C'est simple. Il veut son argent tout de suite. Alors je n'ai pas le choix. Et puis, tu comprends, si c'est vrai; s'il a vraiment reçu une offre, je ne peux pas attendre. Ou alors c'est du bluff . . .
Catherine:	Non, ce n'est pas du bluff. Je suis sûre qu'il a reçu une offre. Et tu sais de qui? De ton amie Nicole. C'est elle qui lui a téléphoné. Elle lui a téléphoné à lui, pas à toi.
François:	Mais non!
Catherine:	Est-ce qu'elle, ou Jacques, t'a téléphoné? Non. Conclusion . . .

La prison. Là aussi le téléphone sonne. Le sergent répond. Aubin et Nicole écoutent la conversation.

Sergent: Sergent Hernández . . . Oui, mon Capitaine . . . Alors vous avez trouvé? . . . . Vraiment? . . . . Vous êtes sûr? . . . Ah, mais alors ça change tout . . . Oui, je vais réfléchir.

Le Sergent a l'air sérieux. Il écoute attentivement et regarde ses prisonniers, gravement.

QUESTIONNAIRE

1. Le professeur téléphone-t-il à François?
2. Chez quel antiquaire Vialat veut-il envoyer son ami Robert?
3. D'où vient la collection que Vialat offre à l'antiquaire?
4. Pourquoi est-il urgent d'aller voir l'antiquaire aujourd'hui?
5. De quelle façon le sergent joue-t-il au poker?
6. Combien Aubin veut-il donner au sergent pour payer sa bière?
7. Comment le sergent tape-t-il à la machine?
8. Pourquoi pose-t-il encore les mêmes questions?
9. Quel est un des quartiers chics de Paris?
10. Quels objets François va-t-il vendre à Casenave?

10 De rien . . . !

La prison. Le téléphone sonne. Le sergent répond. Aubin et Nicole écoutent la conversation.

Sergent: Sergent Hernández . . . Oui, mon Capitaine . . . Alors vous avez trouvé? . . . Vraiment? . . . Vous êtes sûr? . . .Ah mais alors ça change tout . . . Oui, je vais réfléchir . . .

Le sergent a l'air sérieux. Il écoute attentivement et regarde ses prisonniers, gravement.

Aubin: *(à voix basse à Nicole)* Je crois que pour nous ce sont de mauvaises nouvelles.

Sergent: Oui, mon Capitaine; je vous remercie. Pour moi évidemment c'est très important . . . Combien de temps je vais les garder? Ah là, vraiment, je ne sais pas . . . Merci encore. Au revoir, mon Capitaine . . .

Le sergent raccroche. Il va vers Aubin et Nicole, l'air toujours grave. Aubin est maintenant décidé, tout à fait décidé. De sa poche, il sort un billet de cent dollars.

Aubin: Ecoutez, Sergent, il faut comprendre, il faut comprendre notre situation.

Sergent: Oui?

Aubin: Nous voulons sortir d'ici. Nous ne pouvons pas rester ici des jours, et des semaines, et des mois. Alors vous allez prendre ce billet et . . .

Le sergent regarde Aubin. Il prend un air innocent.

Sergent: Qu'est-ce que c'est?

Aubin: Un billet de cent dollars.

Sergent: Vraiment?

Aubin: Et puis, il y a la bière, les deux bières. Vous avez acheté deux bières tout à l'heure pour nous. Alors . . .

Sergent: Eh bien, si c'est comme ça. Et puis pour vous, Madame, d'accord . . .

Et voilà. Vous êtes libres. Mais attention, hein? Pas d'histoires! Je vais vous conduire à la frontière.

Nicole:	Merci, Sergent; merci beaucoup.
Sergent:	Mais attention. Il faut faire très attention. Nous allons prendre un petit chemin.
Aubin:	C'est entendu. Nous vous suivons.
Sergent:	Venez.

Ils sortent de la prison, passent derrière quelques maisons, marchent un kilomètre et arrivent sur une route.

Sergent:	Voilà, mes amis, vous avez passé la frontière. Vous êtes libres maintenant. *(il rit comme un fou)*

Le sergent rit comme un fou. Aubin et Nicole ne comprennent pas pourquoi mais ils rient aussi, un petit peu . . .

Sergent:	Voilà, vous êtes libres. Vous pouvez partir. Et merci. Merci pour les cent dollars.
Aubin:	Oh, mais voyons, ce n'est rien. Merci de rien.
Sergent:	*(il rit de nouveau, très fort)* De nada! De nada! Votre avion est là-bas, derrière les arbres. Les hommes du Capitaine ont trouvé votre avion, mais . . . il est vide. Il est complètement vide! Ils n'ont rien trouvé dans votre avion, rien, nada, nada! Mes amis, vous êtes libres. Allez, partez! *(il rit toujours)*

Le sergent rit toujours comme un fou. Il prend son révolver. Il tire deux coups de révolver, en l'air. Aubin et Nicole courent à toute vitesse.

L'aéroport de Merida.

Vialat est arrivé en jeep. Aussitôt il est allé au comptoir d'une ligne aérienne internationale. Il parle maintenant à un employé de cette compagnie.

Vialat:	Je veux envoyer trois caisses à Paris par avion. Est-ce possible?
Employé:	Mais oui, Monsieur.
Vialat:	Quand est-ce que vous avez un vol?
Employé:	Eh bien, notre prochain vol est demain matin.
Vialat:	Ça me va très bien. J'ai les caisses avec moi, dans ma jeep. Je vous paie et je vous les laisse?
Employé:	Ah non, Monsieur, il faut d'abord aller à la douane.
Vialat:	*(soucieux)* A la douane?
Employé:	Oui, bien sûr. Il faut d'abord aller à la douane avec vos papiers. Et

	avec vos caisses. Moi je ne peux pas les accepter sans l'autorisation de la douane.
Vialat:	Oui, je comprends, mais vous voyez . . . c'est que . . . pour moi c'est impossible. J'ai les caisses là, dans ma jeep, et le bureau de la douane est fermé.
Employé:	Ah oui, et à cette heure-ci, c'est fermé.
Vialat:	Vous comprenez, je n'ai pas le temps d'attendre. Vous ne pouvez pas prendre les caisses tout de suite et demain matin vous les chargez sur l'avion?
Employé:	Mais, Monsieur, je vous dis qu'il faut l'autorisation de la douane.
Vialat:	Oui, d'accord, moi je veux bien, mais la douane est fermée et je ne peux pas attendre. Je quitte Merida ce soir et je veux envoyer ces caisses tout de suite. Alors, qu'est-ce que je vais faire? Est-que vous pouvez m'aider?
Employé:	Je veux bien vous aider, mais je ne peux pas accepter vos caisses sans l'autorisation de la douane. Si je le fais, je perds ma place.
Vialat:	Mais je vous dis que la douane est fermée. Alors qu'est-ce que je peux faire? Il faut m'aider.
Employé:	Mais je vais voir si je peux faire quelque chose pour vous.
Vialat:	C'est très gentil. Je vous remercie.
Employé:	Je vais aller au bureau de la douane. Je vais voir s'il y a encore quelqu'un, quelqu'un qui peut examiner et signer ces documents.
Vialat:	Quels documents?
Employé:	Les documents de douane. Il faut remplir ces documents. Tenez. Regardez. Vous faites une déclaration, vous déclarez ce qu'il y a dans vos caisses. Et vous signez.
Vialat:	Oui, je vois . . .
Employé:	Bien. Vous allez remplir votre déclaration et moi, pendant ce temps, je vais aller au bureau de la douane. Je vais voir ce que je peux faire pour vous.
Vialat:	C'est très gentil, vraiment très gentil. Je vous remercie infiniment.
Employé:	Mais de rien, Monsieur, de rien . . .

Vialat a l'air ennuyé. Mais que faire? Il faut bien remplir cette déclaration.

Sur la route près de la frontière . . . Aubin et Nicole. Ils ont couru. Le sergent est loin maintenant. Ils peuvent prendre du repos.

Aubin:	Quel salopard, celui-là . . .
Nicole:	En tout cas nous sommes sortis de là, c'est déjà ça. Et ils n'ont rien trouvé dans l'avion.
Aubin:	Oui, mais alors où sont les caisses? Est-ce vrai seulement? Tu crois qu'il a dit la vérité?
Nicole:	Pour cent dollars . . ?
Aubin:	Ce n'est pas les cent dollars. Mais est-ce que l'avion est vraiment vide comme il le dit? Ou bien, est-ce une blague? Avec ce type-là tout est possible. En tout cas il nous a eus.
Nicole:	Qu'est-ce que nous allons faire?
Aubin:	Il faut retrouver l'avion et vérifier.
Nicole:	Et si la police ou l'armée nous attend près de l'avion . . .
Aubin:	Oui, mais que veux-tu? Il faut vérifier.
Nicole:	Moi, je crois qu'il faut d'abord trouver un village et un téléphone, et appeler François.
Aubin:	Et qu'est-ce que tu vas lui dire à François?
Nicole:	Mais . . . ce qui est arrivé, tout simplement.
Aubin:	Et les caisses? Il faut savoir si les caisses sont dans l'avion ou non. François te demande où sont les caisses et qu'est-ce que tu réponds?
Nicole:	Tu as raison. Il faut savoir. Il faut d'abord retrouver l'avion.
Aubin:	Il faut retrouver l'avion, et vite! Et puis après nous pouvons téléphoner.
Nicole:	Avec de bonnes ou de mauvaises nouvelles.
Aubin:	Bon. Tu viens?
Nicole:	Je te suis.
Aubin:	Mais il faut aussi retrouver notre chemin . . .
Nicole:	Je crois qu'il faut aller par là, à gauche. Le sergent a dit: derrière les grands arbres.
Aubin:	Oh, celui-là!
Nicole:	Vraiment, je crois que c'est par là. En tout cas il faut essayer.

Aubin et Nicole quittent la route. Il faut retrouver l'avion et peut-être les caisses avec les masques et les figurines. C'est la première chose à faire.

A l'aéroport de Merida, au comptoir de la ligne aérienne, Vialat attend. Il a rempli sa déclaration en douane et il attend le retour de l'employé. Bientôt celui-ci revient.

Employé:	Alors, Monsieur, vous avez rempli votre déclaration?
Vialat:	Oui, c'est fait. Vous avez trouvé quelqu'un au bureau de douane?
Employé:	Oui, j'ai trouvé quelqu'un. J'ai expliqué votre cas et je crois que ça va marcher.
Vialat:	Ah, ça c'est bien. Je vous remercie beaucoup.
Employé:	Il va venir et je crois qu'il va arranger ça pour vous.
Vialat:	Très bien, j'attends.
Employé:	Bien sûr, il va vérifier votre déclaration. Mais je pense que ça peut marcher avec un peu de . . . enfin vous me comprenez, je pense?

Vialat regarde l'employé de la compagnie aérienne. Il ne comprend pas du tout.

Vialat:	Un peu de . . . un peu de quoi?
Employé:	Eh bien, d'abord il faut remplir votre déclaration et puis . . .
Vialat:	Mais c'est fait, c'est fait, j'ai rempli ma déclaration.
Employé:	Et puis il faut être euh . . . comment dire?

L'employé fait un geste vague.

Vialat:	Oui?
Employé:	Enfin . . . c'est votre affaire, mais ça peut vous coûter quelque chose.
Vialat:	Ah! je comprends. Mais naturellement! S'il faut payer, je veux bien payer.

L'employé regarde Vialat; il n'est pas sûr qu'il a bien compris, mais après tout c'est son affaire.

Chez François Rongier. Il est assis à côté du téléphone.

François:	Casenave . . . Casenave, quel est son numéro à celui-là? C'est toujours lui qui téléphone! Alors bien sûr; son numéro, je ne le connais pas.
Catherine:	Tu téléphones à Casenave?
François:	Je le lui ai promis.
Catherine:	Tu vas lui offrir les faux?
François:	Oui.
Catherine:	Vendre des faux. A un homme comme Casenave . . . Il faut être fou!
François:	Je n'ai pas le choix. Et puis c'est décidé et c'est comme ça.

Catherine:	Et moi, je te dis qu'avec un homme comme lui tu prends un risque terrible.
François:	Et alors? Tu as une autre idée?
Catherine:	Oui. Abandonne ce projet.
François:	Et comment cela?
Catherine:	Il faut dire à Casenave la vérité, que tu n'as pas de nouvelles, qu'il faut attendre.
François:	Mais c'est toi qui est folle! Il veut son argent ce soir. Je te l'ai dit et je te le répète, c'est décidé et c'est mon affaire.
Catherine:	Eh bien dans ce cas, puisque c'est décidé, téléphone.
François:	Merci . . .

Allô, mon cher ami? François Rongier à l'appareil . . . Alors voilà. J'ai de très bonnes nouvelles pour vous, d'excellentes nouvelles. Je viens de recevoir une première caisse, je viens de l'ouvrir et . . . Vraiment c'est magnifique! . . . Malheureusement il n'y a pas de masques, enfin pas encore. Pour le moment j'ai seulement des figurines, mais elles sont très belles. Ce sont des pièces magnifiques, des pièces de collection. Alors, mon cher ami, voilà . . . Vous les voulez toujours? . . . . Oui? Eh bien c'est parfait. Elles sont ici chez moi. Vous pouvez les prendre quand vous voulez . . . Oui, oui, très bien, mais il faut venir tout de suite et puis, évidemment, il faut m'apporter de l'argent! Au revoir, cher ami.

QUESTIONNAIRE

1. Pour combien Jacques Aubin achète-t-il sa liberté?
2. Qui raccompagne Nicole et Aubin à la frontière?
3. Pourquoi le sergent tire-t-il deux coups de révolver en l'air?
4. Maintenant qu'ils sont libres, Nicole et Aubin doivent faire deux choses. Quelles sont-elles?
5. Pour envoyer les caisses à Paris, qu'est-ce qui est nécessaire?
6. Est-ce que le bureau de la douane est ouvert tout le temps?
7. Comment s'appelle le document que Vialat doit remplir?
8. Si l'employé de la poste acceptait les caisses sans l'autorisation de la douane, que se passerait-il?
9. François Rongier offre des faux à l'antiquaire. Qu'est-ce que c'est qu'un faux?
10. Croyez-vous que François prenne beaucoup de risques? Pourquoi?

11 Rien ne va plus

Aubin et Nicole ont marché longtemps. Enfin ils ont trouvé l'avion. Maintenant il faut voir si le sergent a dit la vérité. Est-ce que l'avion est vide?

Aubin:	Nicole! Viens voir!
Nicole:	Quoi?
Aubin:	Les caisses . . .
Nicole:	Elles sont là?
Aubin:	Tu penses! Quelqu'un est passé et les a prises.
Nicole:	Ça ne m'étonne pas.
Aubin:	Le sergent nous a donc dit la vérité . . . pour cent dollars, le salopard! Mais qui, qui est donc passé par ici?
Nicole:	Ils ont seulement pris les caisses?
Aubin:	Attends, je vais voir . . .

Aubin examine l'intérieur de l'avion.

	Oui, je crois que oui. Rien ne manque.
Nicole:	Et le révolver? Après l'accident nous n'avons pas pris le révolver. Il est encore là?
Aubin:	Derrière le siège, non? Je vais voir . . .
Nicole:	Il est là?
Aubin:	Oui, le voici. Qui est venu ici? Qui a pris les caisses? Il faut savoir.
Nicole:	C'est quelqu'un qui n'a pas vraiment fouillé l'avion, puisque le révolver est là. Moi, je vois deux solutions. Ou bien c'est la police ou l'armée . . .
Aubin:	Ou bien . . . ?
Nicole:	Vialat bien sûr. Moi, je crois que c'est lui. Tiens, regarde. Tu vois ces traces de pneus? Je suis sûre que c'est la jeep.
Aubin:	Peut-être, mais l'armée et la police ont aussi des jeeps.
Nicole:	Moi, je te dis que c'est la jeep de Vialat.
Aubin:	Peut-être, mais ce n'est pas certain. Si c'est la police, c'est dangereux pour nous de rester ici près de l'avion. Il faut partir d'ici tout de suite. Viens.
Nicole:	Et si c'est Vialat qui est venu et qui a pris les caisses, il faut partir aussi. Il faut le retrouver.

Aubin:	J'espère que c'est lui parce qu'alors nous avons encore une chance.
Nicole:	Je sais que c'est lui. Il faut le retrouver, lui et les caisses.
Aubin:	Tu crois qu'il est allé à Merida?
Nicole:	Sûrement. Il faut aller à Merida et le chercher partout. Et puis il y a François qui attend; je dois téléphoner à François et de Merida c'est facile.
Aubin:	Il doit être inquiet sans nouvelles de nous.
Nicole:	Bien. Nous allons retourner vers la route et faire de l'auto-stop.

Aubin et Nicole repartent à pied vers la route. Ils attendent une voiture, un camion, un autobus peut-être. Ils attendent depuis une bonne demi-heure. Pas une voiture n'est passée.

Aubin:	Tu ne veux pas marcher un peu?
Nicole:	Faire la route à pied?
Aubin:	Mais pas jusqu'à Merida bien sûr, mais un petit bout. Nous ne pouvons pas attendre ici pendant des heures.
Nicole:	Moi, j'attends. Mon genou me fait mal.
Aubin:	Tu as très mal?
Nicole:	Non, mais je ne peux pas faire des kilomètres à pied.
Aubin:	Eh bien, nous allons attendre . . .

Ils attendent au bord de la route, une route qui voit peu de circulation.

A l'aéroport de Merida, Vialat attend lui aussi. Il attend l'officier des douanes. Exporter des objets d'art ça ne va pas être facile, mais il faut essayer, prendre le risque; c'est sa seule chance. L'officier des douanes arrive enfin.

Douanier:	Alors, c'est vous qui voulez me voir?
Vialat:	Oui, c'est moi. Vous voyez? J'ai déjà rempli ma déclaration et j'espère que . . .
Douanier:	Eh bien nous allons examiner ça. Des caisses. Trois caisses. Vous voulez les exporter?
Vialat:	Oui, en France.
Douanier:	Et qu'est-ce qu'il y a dans ces caisses?
Vialat:	Eh bien il y a . . . Vous voyez? Je l'ai écrit ici, dans ma déclaration. Vous voyez? Ici.
Douanier:	"Artisanat". Qu'est-ce que ça veut dire, ça?

Vialat: Eh, eh bien ça veut dire euh . . . des objets, des choses faites par des artisans. Vous connaissez le travail d'artisanat, le travail traditionnel des artisans dans les villages.

Le douanier regarde Vialat en silence. Vialat est anxieux et il explique encore.

Vous savez, dans mon pays, chez moi en France, nous aimons beaucoup le travail de vos artisans.

Douanier: Quoi, par exemple?

Vialat: Tout. La poterie par exemple, des vases, des plats, des assiettes, des choses comme ça.

Douanier: Oui, je vois. Et ça coûte combien tout ça?

Vialat: Oh, pas cher. Vous savez, j'ai acheté ça dans des villages, au marché. Je n'ai pas payé cher.

Douanier: Peut-être mais sur votre déclaration vous devez mettre le prix de tout ça.

Vialat: J'ai oublié. Excusez-moi. Attendez, euh . . . j'ai payé . . . Voilà. Ça va comme ça?

Douanier: Oui, je pense que ça peut aller mais . . .

Le douanier le regarde de nouveau, longuement. Vialat est nerveux, inquiet.

Vialat: Oui?

Douanier: Il y a la taxe. Il faut payer la taxe.

Vialat: La taxe? C'est cher?

Douanier: Il y a la taxe et puis il y a les frais, les frais de douane.

Vialat sort un billet de sa poche.

Vialat: C'est assez?

Le douanier le regarde encore.

Douanier: Je ne sais pas, je vais voir. Excusez-moi un instant, Monsieur, s'il vous plaît. Je dois vérifier ça dans mon bureau. Vous allez m'attendre ici. Je reviens dans deux minutes.

Vialat: Comme vous voulez . . .

Douanier: Vous ne partez pas, n'est-ce pas? Vous restez là.

Vialat: Oui, oui, je vous attends. Merci.

Le douanier le laisse seul. Vialat est anxieux. Le douanier n'a pas pris son argent. Il est parti. Il est entré dans un bureau. Il a dit qu'il allait revenir. Pourquoi? Qu'est-ce qu'il fait? Qu'est-ce qu'il veut? Il n'y a rien à faire, il faut attendre, attendre . . .

Pas loin, à Merida, au centre de la ville de Merida, Aubin et Nicole viennent enfin d'arriver. Un camion les a pris sur la route et les a menés jusqu'ici. Ils vont immédiatement à l'hôtel, l'Hôtel Tropicana qui doit servir de rendez-vous avec Vialat. Ils entrent et vont à la réception.

Aubin: Bonjour.

Réceptionniste: Bonjour, Monsieur. Bonjour Madame. Vous désirez?

Aubin: Est-ce que le Professeur Vialat est là?

Récep.: Un instant, s'il vous plaît. Je ne crois pas, mais je vais voir . . . Je sais que nous avons une réservation à son nom, mais . . . Non. Non, Monsieur, il n'est pas arrivé.

Aubin: Vous êtes certaine?

Récep.: Oui, absolument certaine.

Nicole: Il n'est pas venu du tout?

Récep.: Non, Madame.

Nicole: Et il n'y a pas de message pour nous?

Aubin: Un message pour Monsieur Aubin ou Mademoiselle Tourneur.

Récep.: Oui, je sais, je vous reconnais. Vous êtes venus il y a dix ou douze jours, n'est-ce pas? Avec Monsieur Vialat.

Nicole: C'est exact. Et nous avons réservé des chambres pour nous et pour le Professeur Vialat.

Récep.: C'est bien ça. Et vous avez laissé vos bagages, je crois.

Aubin: Oui, nous avons laissé trois valises.

Récep.: Vous voulez vos chambres pour ce soir?

Nicole: Oui. Qu'est-ce que tu crois, Jacques?

Aubin: Oui, je crois que oui.

Récep.: Je monte vos bagages maintenant?

Aubin: Non, attendez. Vous dites que le Professeur Vialat n'est pas venu; il n'a pas laissé de message, il n'a pas téléphoné, rien?

Récep.: Non, Monsieur.

Aubin: Eh bien, si vous voulez garder nos bagages, nous allons revenir tout à l'heure.

Récep.: A votre service.

Aubin et Nicole quittent l'hôtel et vont vers la place principale de la ville. Il y a là la cathédrale, un musée, des magasins, des cafés. Ils prennent place à la terrasse d'un café.

Aubin:	Où est-il donc passé ce salopard de Vialat?
Nicole:	Ah ça!
Aubin:	Ou bien la police l'a arrêté . . .
Nicole:	Ou bien il est parti avec les caisses!
Aubin:	En tout cas il faut le retrouver. Tu vas téléphoner à François, je suppose.
Nicole:	Oui, il le faut. Mais, qu'est-ce que je vais lui dire?
Aubin:	Je pense à Vialat. S'il est parti avec les caisses, il est certainement ici en ville. Mais il a peut-être eu un accident, ou bien la police l'a arrêté.

Un marchand de journaux passe. Aubin fait signe au marchand et lui achète un journal.

Aubin:	Qui sait? Il y a peut-être quelque chose dans le journal. Si la police a trouvé les caisses, si c'est elle qui les a prises dans l'avion, elle l'a peut-être arrêté sur la route. Ou s'il a eu un accident, c'est peut-être dans le journal.
Nicole:	Tu as raison. Un étranger qui a eu un accident de voiture ou qui a été arrêté, ça doit être dans le journal.
Aubin:	Je le pense aussi.

Ils ouvrent le journal, tournent les pages, regardent partout, lisent les titres. Il y a bien des accidents de voiture mais ce n'est pas une jeep et ce n'est pas le Professeur Vialat.

Aubin:	Ou alors, c'est dans le journal d'hier.
Nicole:	Eh bien, moi, je ne crois pas. Je te l'ai déjà dit. Vialat a pris les caisses et il est parti.
Aubin:	Oui, mais où?
Nicole:	Mais, tu l'as dit: ici en ville. Je crois que tu as raison. Il essaie certainement de vendre les caisses et les figurines, ou de les envoyer par bateau ou par avion. Il faut retrouver Vialat.
Aubin:	D'accord, mais ça peut prendre du temps. Tu ne penses pas que d'abord il faut téléphoner à François?
Nicole:	Oui, je pense que tu as raison.
Aubin:	J'ai vu le bureau de poste tout à l'heure. C'est à côté de la cathédrale.

Ils paient le garçon de café et vont vers le bureau de poste. Là, ils demandent une communication avec Paris.

Téléphoniste:	Pour Paris? Ah, vous savez, il y a de l'attente.
Nicole:	Combien?
Téléph.:	Je ne sais pas. Deux heures, trois heures peut-être.
Aubin:	Et en urgent? Nous ne pouvons pas appeler en urgent?
Téléph.:	Oui, c'est possible. Si vous voulez, je vous le demande en urgent, mais ça coûte le double.
Nicole:	Oui, allez-y, ça ne fait rien.
Aubin:	Qu'est-ce que tu vas lui dire à François?
Nicole:	La vérité bien sûr!
Aubin:	Il ne va pas être content.
Nicole:	Et toi, tu es content? Et moi, tu crois que je suis contente? Je dois lui dire la vérité, c'est tout.

Ils attendent quelques minutes. La cabine téléphonique est près d'une grande fenêtre. Ils regardent par la fenêtre et ils attendent. Enfin la téléphoniste annonce la communication avec Paris. Nicole entre dans la cabine et décroche le téléphone. Aubin attend en dehors de la cabine.

Téléph.:	Vous avez Paris. Parlez.
Nicole:	Allô. Je veux parler à Monsieur Rongier.
François:	François Rongier à l'appareil.
Nicole:	François?
François:	Comment? C'est toi, Nicole?
Nicole:	Oui, c'est moi. Ecoute, François . . .
François:	Mais où êtes-vous? Qu'est-ce qui vous est arrivé? J'attends votre appel depuis cinq ou six jours.
Nicole:	Nous n'avons pas pu téléphoner. Nous avons eu un accident, un accident d'avion.
François:	Vous n'êtes pas blessés, j'espère. Et les figurines, les masques?
Nicole:	Ecoute, François. Après l'accident nous avons été arrêtés. Jacques et moi. Nous avons passé deux jours en prison et . . .
François:	Et Vialat? Vialat où est-il? Il est avec vous?
Nicole:	Non, justement, je suis très inquiète. Je ne suis pas sûre, mais je crois que Vialat a pris les caisses, dans l'avion, après notre accident, tu comprends?
François:	Quelle vermine! Ça ne m'étonne pas. Et puis, ça explique tout. Ecoute. Quelqu'un a téléphoné à Casenave et lui a offert des figurines. C'est sûrement Vialat. Il faut le retrouver tout de suite, lui et les caisses.

Nicole:	Je l'ai dit à Jacques; c'est Vialat qui a les caisses.
François:	Oui, nous sommes d'accord là-dessus, alors écoute-moi bien. Tu vas . . .
Nicole:	Un instant, s'il te plaît. Je vois Jacques qui m'appelle. Tu attends une seconde?

En effet Aubin appelle Nicole. Il fait de grands gestes. Il lui dit de venir tout de suite.

Nicole:	Mais qu'est-ce qu'il y a?
Aubin:	Vialat! Il vient de passer. Je viens de le voir dans la rue. Viens vite!
Nicole:	François, écoute! Il y a du nouveau. Vialat. Il vient de passer dans la rue. Je te rappelle.

Elle raccroche. De son côté, Rongier, qui n'a pas bien entendu, reste au téléphone et appelle.

François:	Allô! Allô, Nicole . . . Allô!

QUESTIONNAIRE

1. Il y a deux hypothèses pour expliquer la disparition des caisses. Quelles sont-elles?
2. Qu'est-ce qui montre qu'on n'a pas vraiment fouillé l'avion?
3. Quel genre de voitures ont l'armée et la police?
4. Si c'est la police qui a pris les caisses, pourquoi Nicole et Aubin doivent-ils partir?
5. Est-ce que Nicole et Aubin ont encore une chance de retrouver leurs caisses? Comment?
6. Sans voiture, comment peut-on voyager?
7. Qu'est-ce que c'est, l'artisanat?
8. Connaissez-vous des exemples d'artisanat?
9. De quoi s'occupe le réceptionniste d'un hôtel?
10. Quelles nouvelles trouve-t-on dans le journal?

12 La voiture noire

Chez François Rongier. Il est toujours au téléphone. Il est dans une rage noire. Il pense que c'est une erreur, que quelqu'un a coupé la ligne par erreur. Il essaie de rétablir la communication avec Nicole. L'opérateur lui dit que ce n'est pas une erreur.

Opérateur: Non, Monsieur, c'est votre correspondant qui a raccroché.

François: Mais moi, je vous dis que non.

Opérateur: Monsieur, la personne qui vous a appelé a raccroché.

François: C'est incroyable!

Il raccroche et tout de suite le téléphone sonne de nouveau. C'est sûrement Nicole qui le rappelle . . . François Rongier répond immédiatement.

François: Allô oui, c'est toi, Nicole?

Casenave: Léopold Casenave à l'appareil.

François: Ah, c'est vous? Ecoutez euh . . .

Casenave: Je veux vous voir immédiatement. C'est très grave.

François: Non. Je regrette beaucoup, mais c'est impossible. Et je ne peux pas vous parler au téléphone. J'attends une communication importante.

Casenave: Je vous dis . . .

François: Et moi je vous dis au revoir.

François est fou de rage.

Pendant ce temps, à Merida, Aubin et Nicole quittent rapidement le bureau de poste. Il faut retrouver Vialat.

Nicole: Tu es sûr que c'est lui?

Aubin: Je te dis que je l'ai vu, là dans la rue, devant le bureau de poste, devant la fenêtre.

Nicole: Mais il ne t'a pas vu, j'espère.

Aubin: Non, sûrement pas. Il est passé devant la fenêtre de la poste; moi je l'ai vu et, à ce moment-là, il a ouvert un journal et il a commencé à lire.

Nicole: Peut-être parce qu'il t'a vu, et pour se cacher.

Aubin: Non, je suis sûr que non.

Nicole:	En tout cas il faut le retrouver tout de suite. Il est parti par où?
Aubin:	Par ici. Il a suivi cette rue.
Nicole:	Comment le retrouver avec tout ce monde dans la rue?
Aubin:	Il est peut-être entré dans une boutique ou un café. Nous allons suivre la rue et bien regarder dans toutes les boutiques, les petits cafés, partout.
Nicole:	Très bien. Alors, toi tu regardes à gauche, et moi, je regarde à droite, de l'autre côté de la rue.
Aubin:	D'accord. Dis-moi, tu as pu parler à François, lui expliquer notre accident, la disparition de Vialat et des caisses?
Nicole:	Oui, j'ai eu le temps. Et puis, lui de son côté, il m'a dit une chose incroyable. Il m'a dit—regarde, le voilà! Non, je me trompe, ce n'est pas Vialat.
Aubin:	Oui et alors, François qu'est-ce qu'il t'a dit?
Nicole:	Quelqu'un a téléphoné à Casenave et lui a offert des figurines.
Aubin:	Ça alors! C'est sûrement ce salopard de Vialat.
Nicole:	Bien sûr c'est lui, je te l'ai déjà dit cent fois. Et maintenant il faut bien ouvrir l'œil.
Aubin:	Si je le retrouve, je lui casse la gueule.

Ils continuent à chercher Vialat, dans la rue, dans les boutiques, dans les cafés. Ils regardent à gauche, à droite . . . Aubin appelle Nicole, à voix basse.

Aubin:	*(à voix basse)* Hé, Nicole!
Nicole:	Quoi? Tu le vois?
Aubin:	Non mais . . . Il se passe quelque chose qui n'est pas normal. Continue à marcher, regarde droit devant toi, mais derrière nous, juste derrière, il y a une voiture.
Nicole:	Oui, et alors?
Aubin:	Une voiture qui nous suit.
Nicole:	Tu es sûr?
Aubin:	Oui. Elle nous suit, c'est évident. Elle roule très lentement. Elle nous suit, je te dis.
Nicole:	La police, tu crois?
Aubin:	C'est possible. Je ne veux pas regarder. Je crois qu'il y a seulement un homme dans la voiture.
Nicole:	Au fond, nous, tu sais, nous sommes innocents, nous n'avons pas les caisses, nous n'avons rien.

Aubin:	Moi, je n'aime pas cette voiture qui nous suit . . . Et si Vialat nous a donné à la police?
Nicole:	Ecoute, j'ai une idée. Il faut savoir si cette voiture nous suit. Tu vois la boutique qui est là, à dix mètres?
Aubin:	Là où il y a les jeans et les chemises?
Nicole:	Nous allons nous arrêter devant la boutique. Si la voiture s'arrête aussi . . .
Aubin:	Bonne idée.
Nicole:	Maintenant!

Ils s'arrêtent . . . et la voiture continue. Elle roule toujours très lentement, mais elle continue le long de la rue.

Aubin:	Bon! Ce n'est pas pour nous. Il ne nous suit pas, mais je me demande . . . pourquoi est-ce qu'il roule si lentement?
Nicole:	En tout cas ce n'est pas pour mes charmes!
Aubin:	Le type dans la voiture, tu l'as vu?
Nicole:	Oui.
Aubin:	Moi, je n'ai pas fait attention, je n'ai pas bien regardé, enfin pas très bien.
Nicole:	Moi, je l'ai bien vu.
Aubin:	Un flic, tu crois?
Nicole:	Je me demande . . . Mais . . . ! Et si c'est Vialat qu'il suit?
Aubin:	Tu as raison. C'est peut-être ça.
Nicole:	Il faut ouvrir l'œil.

Ils continuent à chercher Vialat.

A l'aéroport. Dans un bureau de la Compagnie Trans Air, un téléphone sonne. Une hôtesse répond.

Hôtesse:	Allô, Trans Air Réservations, bonjour . . . Comment? . . . Eh bien, Monsieur, vous savez . . . je ne peux pas vous dire . . . Je m'excuse mais je n'ai pas le droit . . . Qui? Qui êtes-vous? . . . Ah bien, je comprends . . . Oui, oui, évidemment dans ce cas c'est autre chose . . . Quel vol, dites-vous? . . . Le vol de demain pour Paris. Eh bien oui, c'est notre vol 852 . . . Qui? Voulez-vous répéter le nom du passager, s'il vous plaît? . . . Vialat. Un instant, je vous prie, je vais demander. Ne quittez pas.
Hôtesse:	Carlos?

Carlos:	Oui, qu'est-ce qu'il y a?
Hôtesse:	La liste des passagers sur le vol 852 de demain matin . . .
Carlos:	Oui, et alors? Qu'est-ce que tu veux savoir?
Hôtesse:	Tu veux vérifier le nom d'un passager?
Carlos:	Comment est-ce qu'il s'appelle?
Hôtesse:	Vialat.
Carlos:	Vialat? Ça me dit quelque chose . . . Eh oui, c'est le vieux type qui est venu avec ses caisses. Non il ne doit pas être sur le vol de demain.
Hôtesse:	Tu ne peux pas vérifier?
Carlos:	Un instant, je vais voir . . .
Hôtesse:	Ne quittez pas, Monsieur. Nous vérifions et je vous donne le renseignement tout de suite.
Carlos:	Je l'ai trouvé. Vialat, Jean. Passager pour Paris. Vol 852, demain.
Hôtesse:	Merci. Allô? . . . C'est exact. Nous avons un passager qui s'appelle comme ça. Vialat. Jean Vialat. C'est bien ça? . . . Il a réservé une place sur le vol Trans Air 852 pour Paris . . . Le décollage est à 10h40 demain matin. Pour l'enregistrement il faut être ici à l'aéroport une heure avant . . . Oui, c'est ça, vers 9h30 . . . Oui, Monsieur, c'est entendu. Nous gardons ça pour nous . . . Non, bien sûr. Vous pouvez être tranquille. C'est confidentiel, je comprends parfaitement . . . Oui. Au revoir.

Dans les rues du centre de la ville, Aubin et Nicole cherchent toujours leur compagnon de voyage, l'homme qui les a trahis, le Professeur Vialat.

Nicole:	Mais où est-il donc passé?
Aubin:	Je me le demande. Pourtant, nous avons bien regardé.
Nicole:	Il a peut-être pris un taxi.
Aubin:	Tu as vu un taxi, toi? Moi, je n'ai rien vu.
Nicole:	Alors, il est entré dans une boutique ou un café.
Aubin:	Peut-être, mais nous avons regardé partout. Il ne faut pas abandonner maintenant. Je veux retrouver ce salopard.
Nicole:	Il le faut, parce que maintenant c'est certain, c'est lui qui a pris les caisses avec les figurines. Quelqu'un a téléphoné à Casenave à Paris et lui a offert des figurines du Yucatan. C'est lui, c'est évident, c'est lui qui a téléphoné. Et maintenant, il se promène avec une fortune.

Aubin:	Tu parles, tu parles . . . Il faut plutôt ouvrir l'œil et trouver Vialat; il faut faire vite.
Nicole:	Moi, je veux bien, mais regarde toi aussi, cherche. Et la voiture?
Aubin:	La voiture de police?
Nicole:	La voiture que nous avons vue tout à l'heure.
Aubin:	Je ne la vois pas . . . Si, la voilà; devant nous, tu vois? Tiens! La voilà qui s'arrête.
Nicole:	Si c'est vraiment un policier qui suit Vialat, il l'a sans doute trouvé.
Aubin:	C'est bien possible. Vialat est sûrement quelque part par ici.

Aubin et Nicole font encore une cinquantaine de mètres. Tout à coup ils s'arrêtent devant un salon de coiffure.

Nicole:	Il est là. Tu le vois?
Aubin:	Oui. Attention! Il va nous voir. Viens par ici.

Ils se cachent à côté de la porte du salon de coiffure. Vialat ne les a pas vus. Il est dans un fauteuil, la tête en arrière, une serviette autour du cou; son visage est tout blanc; il a du savon sur les joues, le menton, la gorge. Le coiffeur le rase.

Nicole:	Et maintenant qu'est-ce que nous allons faire? L'attendre? L'attendre ici, dehors?
Aubin:	Non. Si nous attendons ici il peut nous échapper. Il y a peut-être une porte de sortie au fond du salon, qui sait? Non. Je vais entrer dans le salon. Je vais m'asseoir et je vais me montrer à Vialat. Il va certainement me voir dans le miroir qui est devant lui.
Nicole:	Très bien. Regarde bien son visage et spécialement ses yeux, quand il va te voir. Etudie ses réactions. Il faut savoir s'il a peur, il faut savoir s'il se cache, s'il se cache de nous.
Aubin:	Oui. Et savoir s'il veut s'enfuir.
Nicole:	S'enfuir de là? Et comment? Avec du savon partout sur le visage et un rasoir sous le nez? Tu peux être tranquille. Il est prisonnier du coiffeur.
Aubin:	Oui, tu as raison. Maintenant, tout va bien. Nous le tenons. Alors, écoute. Toi, tu vas rester ici; tu m'attends ici, dehors, et moi, j'entre et je m'assieds. Je vais bien voir la réaction de Vialat.
Nicole:	Et si le coiffeur veut te raser toi aussi?
Aubin:	Je peux dire que j'attends un ami. Et puis non, tu vois bien, le

	coiffeur ne peut pas s'occuper de moi tout de suite, il y a du monde qui attend. Bon; j'entre . . .
Nicole:	Une seconde. Si Vialat s'enfuit, moi j'attends ici près de la porte; quand il passe la porte je mets mon pied comme ça, en travers, et il tombe par terre sur le trottoir.
Aubin:	D'accord, mais je suis sûr que nous le tenons.

Aubin entre dans le salon de coiffure. Il y a plusieurs personnes qui attendent. Aubin s'assied. Un garçon coiffeur s'adresse à lui.

Garçon:	Je m'excuse, Monsieur, mais vous pouvez attendre un petit moment?
Aubin:	Oui, ça va, j'ai le temps.
Garçon:	Quelques minutes seulement et je suis à vous.
Aubin:	C'est parfait, je vous remercie.

Vialat est toujours dans son fauteuil, la tête en arrière, les yeux au plafond, pendant que le coiffeur le rase. Aubin attend de voir le visage et les yeux de Vialat dans le grand miroir qui est devant le fauteuil. Mais dehors . . . dehors il se passe quelque chose. Nicole s'approche de la porte; elle fait des signes, elle veut appeler Aubin, attirer son attention, mais comment? Aubin regarde toujours dans le grand miroir. Il ne voit pas Nicole qui lui fait toujours des signes désespérés. Enfin Aubin tourne la tête. Il voit Nicole. Elle lui fait signe: "Viens, viens, sors, vite!" Aubin ne comprend pas pourquoi, il se demande ce qu'elle veut; mais Nicole insiste. Alors Aubin se lève et sort rapidement du salon de coiffure.

Aubin:	Qu'est-ce qui se passe?
Nicole:	Vite, par ici. Il faut nous cacher.
Aubin:	Mais enfin quoi? Tu es folle? Nous le tenons.
Nicole:	Viens par ici. Ecoute. Dans le salon de coiffure . . .
Aubin:	Et bien quoi?
Nicole:	Tu ne l'as pas vu?
Aubin:	Qui?
Nicole:	Le type de la voiture.
Aubin:	Hein? Le type de la voiture qui nous a suivis? Enfin je veux dire de la voiture qui . . .

Nicole: Oui. Il est là dans le salon de coiffure. Assis sur une chaise. C'est un policier, c'est évident. Il est assis au fond du salon et je l'ai bien vu, il surveille Vialat!

QUESTIONNAIRE

1. François a dit à Nicole une chose incroyable! Qu'est-ce que c'est?
2. Est-ce qu'Aubin et Nicole le croient?
3. Quelle chose anormale se passe dans la rue?
4. De quelle couleur est la voiture qui suit Aubin et Nicole?
5. Qui est dans cette fameuse voiture?
6. Pourquoi Aubin et Nicole sont-ils inquiets?
7. Quand Vialat va-t-il partir pour Paris?
8. Où Aubin et Nicole trouvent-ils Vialat?
9. Que met le coiffeur sur le visage de son client pour le raser?
10. Pourquoi Nicole fait-elle sortir Jacques de la boutique?

13 Poursuite

Aubin est sorti rapidement du salon de coiffure. Nicole lui a fait signe, elle l'a appelé. Il ne sait pas pourquoi. Et maintenant elle lui explique ce qui se passe.

Nicole:	Comment? Tu ne l'as pas vu?
Aubin:	Qui?
Nicole:	Le type de la voiture.
Aubin:	Hein? De la voiture qui nous a suivis? Enfin je veux dire de la voiture qui . . .
Nicole:	Oui. Il est dans le salon de coiffure. Assis sur une chaise. C'est un policier, c'est évident. Il est assis au fond du salon et je l'ai bien vu, il surveille Vialat.
Aubin:	Tu es certaine que c'est lui?
Nicole:	Je te le dis! Viens par ici, il faut nous cacher.
Aubin:	Eh bien, traversons la rue.

Ils traversent la rue et vont se mettre en face du salon de coiffure, sous une porte.

Aubin:	Alors, c'est bien un flic . . .
Nicole:	Sûrement. Il a suivi Vialat, en voiture, il l'a vu dans le salon de coiffure. Il s'est arrêté, il est entré dans le salon à son tour et il s'est assis bien tranquillement.
Aubin:	Comme moi . . .
Nicole:	Pendant ce temps-là, le coiffeur rase Vialat et le flic attend tranquillement.
Aubin:	Il a eu la même idée que nous. C'est curieux tout de même, je ne l'ai pas vu ce flic.
Nicole:	Pas étonnant. Tu as tout le temps regardé Vialat dans le miroir.
Aubin:	Que veux-tu? Pour être tout à fait sûr . . .
Nicole:	Je ne dis pas le contraire. En tout cas, moi, j'ai vu le flic et c'est heureux. C'est pourquoi je t'ai appelé.
Aubin:	Oui, mais maintenant Vialat est là-bas et, nous, nous sommes ici.
Nicole:	Et tu préfères être là à côté de ce flic qui surveille Vialat? Eh bien vas-y, retourne dans le salon.
Aubin:	Mais enfin, qu'est-ce que tu as?

Nicole:	Tu ne comprends pas, non? Enfin écoute! Il y a là un flic qui surveille Vialat. Toi aussi tu es là et toi aussi tu surveilles Vialat. Bon. Si Vialat te voit et s'il te parle, tu es fichu; automatiquement tu deviens le complice de Vialat.
Aubin:	Oui, oui, tu as raison, je comprends. Et tu as bien fait, c'est évident.
Nicole:	Et maintenant il faut réfléchir sérieusement.
Aubin:	En tout cas, une chose est certaine. Vialat est là et il ne faut pas le perdre. Il faut l'attendre; même si le flic est là aussi. Il ne faut pas le quitter des yeux. Quand il va sortir, nous allons le suivre, lui et le flic.
Nicole:	Oui, mais . . .
Aubin:	Il y a un risque mais il le faut. Il faut savoir où il va, ce qu'il fait.
Nicole:	Et si le flic l'arrête?
Aubin:	Eh bien, il faut le savoir aussi.
Nicole:	Moi, je crois que c'est fichu. Le flic va l'arrêter.
Aubin:	Ce n'est pas sûr. Il veut peut-être le suivre, savoir où il va. Il espère peut-être nous trouver, nous. Il se dit probablement: "Vialat a certainement des complices; si j'arrête Vialat, je ne peux pas trouver ses complices; si au contraire je le laisse en liberté et si je le suis, je peux connaître ses complices." Voilà ce que je pense.
Nicole:	C'est logique.
Aubin:	Dans ce cas nous allons suivre Vialat. Nous allons faire très attention, mais nous allons le suivre. Il le faut. Parce que, tu comprends, Vialat . . . il a peut-être vu le policier, il sait peut-être que le policier le suit. Et, dans ce cas, s'il peut s'échapper, il va certainement essayer.
Nicole:	C'est vrai, il y a un risque mais il faut le prendre.
Aubin:	Avec un peu de chance, dans la rue, avec tout ce monde, nous pouvons l'accrocher. C'est le seul moyen; parce qu'il faut retrouver les caisses, et tout de suite.
Nicole:	Alors maintenant qu'est-ce que nous allons faire?
Aubin:	Attendre, c'est le seul moyen, attendre . . .

Pendant ce temps à Paris, à Neuilly exactement, chez les Rongier, le moral est bas. François est nerveux, inquiet. Il se lève, il s'assied aussitôt; il se lève de nouveau, il se promène dans le salon. Il va d'une fenêtre à l'autre, regarde par la fenêtre, revient à son fauteuil, s'assied encore une fois et regarde le téléphone. Catherine l'appelle.

Catherine: François, je crois que nous avons une visite.

François: Ah?

Catherine: Tu attends quelqu'un?

François: Non. Personne. Pourquoi?

Catherine: Une grande voiture blanche vient d'arriver. Elle vient de s'arrêter devant la maison.

François se lève et va à la fenêtre. Il se cache derrière un rideau et regarde. Cette voiture, il la connaît . . . Mais qui est-ce?

Catherine: Tu sais qui c'est?

François: Bon sang, c'est encore lui!

Catherine: Qui?

François: Casenave. Je vais me cacher. Tu vas dire que je ne ne suis pas là, que je suis sorti.

Catherine: Mais pourquoi? Qu'est-ce qui se passe?

François: Il m'a téléphoné tout à l'heure. Je ne lui ai pas parlé, j'ai raccroché. Mais il veut me parler, je le sais. Il m'a dit; ''il y a quelque chose de grave''. Et le voilà!

Catherine: Je comprends . . . Les figurines. Les faux.

François: Regarde, c'est bien lui. Le voici qui vient. Tu vas dire que je ne suis pas là.

Catherine: Non, François; pas question. Je veux bien t'aider, mais pas comme ça. Et puis? Je lui dis que tu es sorti, et puis ensuite?

François: Tu vas ouvrir?

Catherine: Je veux bien, mais écoute, François; tu dois rester ici, tu dois le recevoir.

François: D'accord je le reçois et je m'occupe de lui.

Catherine ouvre la porte. Casenave entre. Il porte un gros paquet. Il salue Catherine, mais d'un mot seulement.

Casenave: Bonsoir.

Et il va droit au salon. Catherine est embarrassée.

Catherine: Justement François est au salon, il vous attend.

Casenave entre dans le salon. Il met le paquet sur une table et se tourne vers François Rongier.

François: Bonsoir, mon cher ami.

Casenave: D'abord je ne suis pas votre "cher ami". Ensuite c'est moi qui parle ici. Fini la comédie; c'est fini, vous comprenez?

François: La comédie? C'est vous qui faites une scène.

Casenave: Vraiment. Et maintenant, Monsieur, nous allons faire nos comptes. Je vous ai fait deux chèques. A votre tour maintenant. Je veux mon argent immédiatement.

François: Mais . . .

Casenave: Il n'y a pas de "mais"! Fini les belles promesses, c'est fini, vous m'entendez? Oh! je vous connais maintenant. Et vous vous appelez un homme d'affaires?

François: Et pourquoi pas? Nous avons signé un accord, vous et moi. J'ai honoré cet accord. Avec un peu de retard, je l'avoue, mais je l'ai honoré. Et dans deux jours, maximum, j'attends une collection extraordinaire.

Casenave: Vraiment? Vous m'étonnez. Une collection extraordinaire, vous dites?

François: Oui, des pièces magnifiques. Je viens de recevoir un coup de téléphone de là-bas et . . .

Casenave: Des pièces magnifiques? Uniques sans doute . . . Comme celles que vous m'avez vendues l'autre jour, et que je vous ai achetées, et que je vous ai payées, en bon argent, en vrais billets de banque!

François: Mais, qu'est-ce que vous voulez dire?

Casenave: Des mots, des promesses, des mots! Je vais vous montrer ce que je veux dire. Je vais vous le montrer, et pas avec des mots, Monsieur!

Casenave se retourne. Il prend le paquet qui est sur la table. Il regarde longuement Rongier.

Vous voyez ce paquet? Vous savez ce qu'il y a dedans? Vos figurines, celles que vous m'avez vendues l'autre jour.

François: Oui, et alors?

Casenave: Alors? Regardez-le bien, regardez-le pour la dernière fois.

Il met le paquet sous le nez de Rongier.

Vous avez bien vu? Parfait!

Je m'excuse, Madame, j'ai sali votre tapis avec . . . avec cette . . . cette terre, cette terre qui ne vaut rien.

François: Vous êtes fou! Je vais vous . . .

Catherine: François, je t'en supplie!

François: Vous êtes un imbécile.

Casenave: Oh non! Vous l'avez cru, mais je ne le suis pas. Ces objets sont des faux! Des faux, comme vous. La preuve est là, dans ces morceaux qui sont par terre. Vous savez une chose, ''mon cher ami''? Je peux aller à la police pour ça; je peux tout dire à la police. Oui, Monsieur, tout.

François: Par example?

Casenave: Que vous êtes un voleur et un faussaire . . .

François: Très bien. Et maintenant, dites-moi, ce fameux coup de téléphone que vous avez reçu . . . Ce coup de téléphone du Mexique, je suppose?

Casenave: Non. Enfin, pas directement. Mais, j'ai maintenant une source d'approvisionnement au Mexique, c'est exact. Une AUTRE source d'approvisionnement, bien entendu.

François: Vraiment?

Casenave: Oui, Monsieur. Et ce sont des objets authentiques!

François: *(il rit)*

Casenave: C'est ça, riez, riez! Mais moi je veux mon argent tout de suite pour payer ces objets. Je les attends et je veux mon argent maintenant.

François: Et maintenant, MONSIEUR, vous allez vous asseoir et vous allez m'écouter. C'est bien votre tour. J'insiste. Vous êtes chez moi. Je vous offre ce fauteuil, très confortable. La courtoisie veut que . . .

Casenave s'assied. Rongier comprend qu'il a pris l'avantage. Il tourne autour du fauteuil et s'arrête enfin devant Casenave, qui est assis. François Rongier reste debout et regarde Casenave longuement.

Eh bien! Nous allons parler de vos nouveaux objets. Ils sont encore au Mexique, n'est-ce pas? . . . Oh, je vous en prie, pas de protestations; je le sais. Eh bien, dans ce cas, c'est très simple: j'avertis les autorités mexicaines.

Casenave: Comment? Mais . . .

François:	"Il n'y a pas de mais . . ." Vous vous souvenez de cette petite phrase? Vous me l'avez dite tout à l'heure. C'est mon tour maintenant. Oui, je peux avertir les autorités mexicaines, la douane précisément. Moi, je n'ai rien à perdre; vous oui, tout. Et maintenant, mon cher ami—vous permettez n'est-ce pas? Vous allez me répondre . . . Cette source d'approvisionnement au Mexique, cette autre, cette nouvelle source, qui est-ce? Qui? . . . J'attends.
Casenave:	Quelqu'un qui est honnête; pas comme vous, pas un amateur, pas un voleur comme vous; un archéologue.
François:	*(il rit)* Mon cher Casenave, vraiment! Vous êtes naïf. Eh bien, je le connais, votre archéologue. Et je vais vous dire autre chose. Ces figurines que vous avez stupidement cassées, eh bien un archéologue les a examinées, il les a authentifiées, évaluées. Oui, Casenave, et cet archéologue est MON archéologue. Et je crois qu'il est aussi le vôtre . . .
Casenave:	Mais c'est fou, c'est incroyable!
François:	Non, mon cher, c'est la stricte vérité. Oui, c'est le Professeur Jean Vialat. Moi aussi, vous comprenez, j'ai reçu un coup de téléphone. Alors vous voyez? Vous et moi, nous sommes . . . comment dire? Nous sommes . . . dans le même bain! Un petit verre de champagne? . . . Mais oui, mais oui, je vous en prie. Catherine, s'il te plaît, un petit peu de champagne pour notre ami Léopold . . .

A Merida, Aubin et Nicole attendent toujours devant le salon de coiffure. Ils s'impatientent.

Aubin:	Est-ce qu'il va enfin sortir, oui ou non? Qu'est-ce qu'il fait?
Nicole:	Tiens, voilà le flic qui sort.
Aubin:	Seul?
Nicole:	Oui. Et le voilà qui monte dans sa voiture.
Aubin:	Mais, qu'est-ce qui se passe?
Nicole:	Et voici Vialat qui sort à son tour.
Aubin:	Regarde. La voiture démarre. Viens, il faut les suivre.

Vialat, la voiture, Aubin et Nicole arrivent à un carrefour. Mais que se passe-t-il? De la musique, trombones, trompettes, guitares, maracas, tambours, chanteurs. C'est une fiesta. Im-

possible de traverser le carrefour, pour la voiture en tout cas. Mais Vialat, lui, s'échappe entre les musiciens.

Aubin: Vite, Nicole, vite! Il s'est enfui. Il faut courir après lui.

Aubin et Nicole se jettent dans la foule. Ils se poussent. Il faut passer. Il faut rejoindre Vialat.

Ça y est! Ils sont de l'autre côté du carrefour, mais Vialat reste invisible.

QUESTIONNAIRE

1. Qu'est-ce que c'est qu'un flic?
2. Selon Aubin, pourquoi le policier ne va-t-il pas arrêter Vialat?
3. Pour Aubin et Nicole, quelle est la seule chose à faire?
4. Qui est le visiteur dans la grande voiture blanche?
5. Pourquoi François ne veut-il pas voir Casenave?
6. Qu'est-ce qu'il y a dans le paquet de Casenave?
7. Quelle différence y a-t-il entre un voleur et un faussaire?
8. Comment François reprend-il l'avantage sur Casenave?
9. Casenave est-il naïf?
10. Une fête au Mexique, ça s'appelle comment?

14 Trois caisses contre une

Vialat s'est enfui. Aubin et Nicole le cherchent. Il se cache sans doute. Il sait qu'il est en danger; mais en danger de qui? Le sait-il? A cent mètres de l'autre côté de la rue, une voiture passe, une voiture rouge et blanche. Aubin et Nicole entendent une voix qui appelle: "Taxi"! Un homme sort d'une petite rue, et court vers le taxi. C'est Vialat.

Vialat: L'Hôtel Las Palmas. Vite!

Chauffeur: L'Hôtel Las Palmas? C'est où?

Vialat: Mais je ne sais pas, moi! Dans la soixantième rue, je crois. Mais vite, je vous en prie.

Vialat ouvre la portière du taxi. Il va monter, il est presque dans le taxi; celui-ca va démarrer. Encore une seconde et Vialat va refermer la portière. Mais Aubin est sur lui. Et Nicole à son tour.

Aubin: Montez, Vialat, montez!

Vialat: Mais . . . Comment? C'est vous!

Aubin: Eh oui, Professeur . . .

Nicole: C'est nous. On monte avec vous.

Chauffeur: Ah bon! Nous sommes trois maintenant . . .

Vialat: Ah, mes amis . . . Vite, il faut partir d'ici.

Aubin: Allez-y, chauffeur, roulez.

Chauffeur: Je veux bien, mais où?

Aubin: Roulez!

Nicole: Alors, Monsieur le Professeur . . . ?

Vialat: Oh mes amis, quelle aventure! Mais enfin vous voilà. Je vous ai cherchés partout.

Nicole: Vraiment?

Aubin: A l'Hôtel Tropicana par exemple?

Vialat: Mais vous ne me comprenez pas. Je . . . je suis allé . . . Un homme me suit.

Nicole: Nous savons.

Vialat: Un policier, c'est un policier.

Aubin: Oui, nous savons ça aussi. Mais pourquoi est-ce qu'il vous suit?

Nicole:	Oui, c'est vrai ça. Qu'est-ce que vous avez fait, Monsieur le Professeur?
Vialat:	Enfin, je vous ai retrouvés.
Nicole:	C'est plutôt nous qui vous avons retrouvé. Vous ne croyez pas?
Chauffeur:	Alors où allons-nous comme ça?
Vialat:	Mais je ne sais pas, moi.
Aubin:	Eh bien, moi je sais. Nous allons à votre hôtel, à cette adresse que vous avez donnée au chauffeur.
Vialat:	Non. Non, c'est trop dangereux.
Nicole:	Et pourquoi? Chauffeur, nous allons à son hôtel.
Chauffeur:	L'Hôtel Las Palmas? Soixantième rue, vous dites?
Vialat:	Non, attendez! Il ne faut pas aller à mon hôtel. Je ne veux pas.
Aubin:	Et nous, nous voulons.
Vialat:	Mais je vous dis que . . .
Aubin:	Ta gueule, salopard!
Nicole:	Voyons, Jacques, il faut être poli avec Monsieur le Professeur . . . N'est-ce pas, cher Professeur, cher et bon ami?
Vialat:	Mais . . . qu'est-ce que vous me voulez?
Aubin:	Vous allez le savoir bientôt . . . dans votre chambre d'hôtel.

Vialat est paniqué. Il fait un mouvement en avant, comme pour ouvrir la portière du taxi. Aubin sort son révolver et le pousse dans le dos de Vialat. Le taxi roule vers la Soixantième Rue, loin du centre de la ville. Le taxi s'arrête devant une vieille maison jaune dans un jardin avec des palmiers–palmas, Hôtel Las Palmas.

Chauffeur:	C'est ici?
Nicole:	Je crois, oui.
Aubin:	Vialat, le chauffeur vous parle. C'est ici?
Vialat:	Oui . . . C'est ici, oui.
Aubin:	Alors payez. Et donnez un bon pourboire au chauffeur, il est très aimable.

Ils descendent du taxi. Vialat paie. Le taxi démarre.

Et maintenant pas d'histoires. Nous entrons dans votre hôtel, vous demandez votre clé et nous montons à votre chambre. C'est compris?

Ils entrent. C'est un petit hôtel misérable, triste, dans un faubourg de la ville. Son nom, Las Palmas, évoque la plage, le grand air, les vacances. A la réception, il n'y a personne.

	Demandez votre clé.
Vialat:	Il y a quelqu'un . . . Señora!
Patronne:	Ah, c'est vous, Sir Walter?
Nicole:	Ah? Parce que maintenant vous êtes Sir Walter? Sir Walter Scott probablement.
Patronne:	Vous avez des amis, je vois.
Aubin:	Oui c'est ça, des amis . . .
Patronne:	Et vous désirez?
Aubin:	Donnez sa clé au Roi d'Angleterre.
Vialat:	Oui, donnez-moi ma clé, s'il vous plaît . . . Merci, Señora. Excusez-moi. Nous montons.

Ils montent à la chambre de Vialat, qui ouvre la porte. Aubin la referme, à clé.

Nicole:	Alors, Sir Walter . . . ?
Aubin:	Vous avez préféré cet hôtel au Tropicana?
Nicole:	Nous voulons des explications.
Vialat:	Vous ne comprenez pas, mes amis. Vous ne pouvez pas rester ici. Vous devez partir tout de suite. Je vous en prie, c'est pour votre bien.
Aubin:	Et pour le vôtre aussi sans doute.
Nicole:	Pourquoi n'êtes-vous pas allé au Tropicana? Pourquoi vous cachez-vous dans cet hôtel?
Aubin:	Et sous ce nom ridicule.
Vialat:	Parce que la police me suit. J'ai peur. J'ai peur pour moi et maintenant pour vous.
Nicole:	Vous avez peur pour nous?
Aubin:	Vous avez tort, Monsieur le Professeur.

Aubin sort son révolver de sa poche et le met sur la table.

Vialat:	Mais, qu'est-ce que vous me voulez?
Nicole:	Alors la police vous suit? D'accord. Nous le savons. Depuis quand?
Vialat:	Depuis . . . deux jours, je crois.
Aubin:	Depuis deux jours? Et vous êtes en ville depuis trois jours. Alors pourquoi n'êtes-vous pas allé au Tropicana le premier jour?

Vialat:	Parce que . . . Je vous dis que la police me suit, alors j'ai cherché un petit hôtel tranquille et j'ai donné un faux nom.
Nicole:	Très bien, Sir Walter, mais . . . pourquoi n'avez-vous pas téléphoné au Tropicana? Pourquoi n'avez-vous pas laissé un message pour nous?
Aubin:	Un simple message, par téléphone, pour nous avertir, pour nous donner votre adresse? Alors?
Vialat:	Je vous en prie, je suis en danger, la police me suit.
Nicole:	Et pourquoi est-ce que la police vous suit?
Vialat:	Je ne sais pas, moi. La police sait peut-être que nous avons visité les pyramides.
Aubin:	C'est possible. Mais alors pourquoi est-ce que la police vous suit VOUS et pas nous?
Vialat:	Mais, je ne sais pas!
Aubin:	Eh bien, je vais vous le dire. La police vous suit, VOUS, parce que c'est vous qui avez les caisses.
Vialat:	Les caisses?
Nicole:	Oui, les caisses.

Aubin reprend son révolver.

Vialat:	Mais . . . mais . . . mais vous êtes fous! Qu'est-ce que vous me voulez?
Aubin:	La vérité.
Nicole:	L'autre jour, après notre accident, qu'est-ce que vous avez fait?

Aubin se lève et s'approche de Vialat avec son révolver.

Aubin:	Vous allez parler maintenant?
Nicole:	Après notre accident, vous êtes revenu, n'est-ce pas? Et vous avez trouvé l'avion.
Vialat:	Mais . . .
Aubin:	Non, Professeur, il n'y a pas de "mais". C'est oui ou c'est non?
Vialat:	Eh bien . . .
Aubin:	Oui ou non?
Nicole:	Nous savons la vérité, alors parlez. Nous vous écoutons.
Vialat:	Oui.
Aubin:	Ah! Et puis?
Vialat:	Oui, j'ai vu l'avion et j'ai pensé . . . Je me suis dit: ils ont eu un accident, je vais voir si je peux les aider. Alors j'ai cherché

l'avion, je l'ai trouvé mais je ne vous ai pas vus, alors je vous ai appelés, je vous ai cherchés et puis . . .

Nicole: Et puis?

Vialat: Je suis reparti.

Nicole: Avec les caisses.

Vialat: Mais non!

Nicole: Jacques, tu vas fouiller la chambre. Regarde dans l'armoire, dans la commode, sous le lit.

Vialat: Il n'y a rien. Je n'ai rien, je vous dis.

Nicole: Alors pourquoi est-ce que la police vous suit? Vous avez pris les caisses.

Vialat: Mais non, je ne les ai pas prises. Vous le savez bien, ces caisses sont très lourdes, trop lourdes pour un vieil homme comme moi.

Aubin: Comment le savez-vous? Les caisses, c'est moi qui les ai portées dans l'avion.

Vialat se tait. Aubin et Nicole fouillent la chambre.

Pendant ce temps, en ville, dans la voiture noire, la voiture de police . . .

Policier: Allô, ici la voiture 212, la voiture 212. J'appelle l'inspecteur Ayala. Message radio urgent. A vous.

Ayala: Allô 212, ici Ayala. Parlez.

Policier: Je m'excuse, Monsieur l'Inspecteur, mais j'ai perdu le suspect.

Ayala: Vous avez perdu Vialat? C'est malin! Où êtes-vous?

Policier: Pas loin de la cathédrale.

Ayala: Vous voulez quelqu'un pour vous aider?

Policier: Non merci, Monsieur l'Inspecteur, je peux le retrouver. Je m'excuse . . .

Ayala: Allons! ça ne fait rien. Si vous ne le retrouvez pas, je peux encore l'arrêter demain matin à l'aéroport. J'ai son numéro de vol. Mais je le veux ce soir, c'est compris? Terminé.

Pour Vialat, dans sa chambre, les choses vont mal. Aubin découvre une figurine et un masque au-dessus de l'armoire.

Aubin: Ah-ha! Et ça, qu'est-ce que c'est, Professeur?

Nicole: Monsieur le Professeur, vous qui êtes expert, vous pouvez sûre-

	ment nous l'expliquer. Un petit objet maya, vous ne croyez pas? Et vous l'avez trouvé où?
Vialat:	C'est à moi. A moi, je vous dis.
Aubin:	Tiens! Voici encore deux figurines . . . et un vase!
Vialat:	Tout ça c'est à moi. Je les ai trouvés. C'est moi qui les ai trouvés. C'est vrai, je l'avoue, je les ai mis dans mon sac. Je les ai trouvés et je les ai pris pour moi parce que Rongier m'a volé. Oui, il m'a volé à Paris, il m'a volé mes figurines. Alors j'ai voulu les remplacer. J'ai trouvé ces choses et je les ai mises dans mon sac.
Nicole:	Vous mentez! Oui, vous mentez. Jacques, donne-moi ce masque . . . Je le reconnais. Vous l'avez trouvé, c'est vrai, mais je le reconnais. Et je le reconnais parce que c'est moi, moi vous entendez, c'est moi qui l'ai mis dans une caisse. Vous êtes un menteur et un pauvre imbécile. Où sont les caisses? Jacques, le révolver, s'il te plaît.
Aubin:	Laisse, je m'occupe de lui. C'est un plaisir . . .

Aubin s'approche de Vialat et lui met le révolver sous le nez.

Vialat:	Eh bien oui, j'ai pris les caisses dans l'avion. Je les ai prises parce que Rongier m'a volé ma collection à Paris. Il m'a volé comme il va vous voler, vous. Voilà pourquoi je les ai prises, pour les vendre à Paris. Votre Rongier est un voleur.
Nicole:	Ne parlons pas de François, parlons de vous . . . et des caisses. Où sont-elles?
Vialat:	A l'aéroport.
Nicole:	A l'aéroport?
Vialat:	Oui.
Nicole:	Mais vous êtes complètement fou. C'est un beau cadeau pour la douane. Imbécile!
Vialat:	Je vous défends . . . et puis j'ai gardé quelques pièces ici.
Nicole:	Vous êtes stupide, Vialat, stupide.
Vialat:	Ah, vous croyez? Eh bien, j'ai une licence d'exportation. J'ai payé un officier de la douane et j'ai une licence officielle. Alors vous voyez? Vous arrivez trop tard.
Aubin:	Pas du tout, cher Professeur, je crois que nous arrivons juste à temps. Vous avez fait un beau travail, pour nous; c'est très bien.
Nicole:	Exactement. Parce que vous comprenez, Monsieur le Professeur, nous, nous allons rentrer à Paris avec les caisses, avec

	NOS caisses. Et quand je dis "nous", je veux dire Jacques et moi. Parce que, vous, vous allez rester ici.
Aubin:	C'est vrai, vous ne pouvez pas voyager avec nous, vous êtes un homme dangereux, la police vous connaît maintenant.
Nicole:	Quel est le numéro du vol?
Aubin:	Et la licence, la licence officielle de la douane?
Vialat:	Non, jamais!
Aubin:	Allons, Professeur, vous allez nous la donner et vous savez pourquoi? Parce que maintenant votre licence, pour vous, elle ne sert à rien. Vous ne voulez pas? Eh bien, j'ai une idée. Nous allons faire un petit échange. Trois caisses contre une. Vous nous donnez la licence, et les trois caisses, et nous, nous vous donnons une autre caisse, une grande caisse . . .

Aubin lui met le révolver sous le nez.

Une grande caisse pour vous tout seul!

QUESTIONNAIRE

1. Comment s'appelle la porte d'un taxi?
2. Où va le taxi?
3. D'où vient le nom de l'hôtel—Las Palmas?
4. Combien de pourboire donne-t-on généralement à un chauffeur de taxi?
5. Pourquoi est-ce que la police suit Vialat?
6. Avec quoi Aubin menace-t-il le Professeur?
7. Qu'est-ce qu'une armoire?
8. Que trouve Jacques Aubin en fouillant la chambre?
9. Comment Vialat sait-il que les caisses sont très lourdes?
10. Quand est-ce que l'Inspecteur Ayala veut arrêter Vialat?

15 Le baiser inattendu

La chambre du Professeur Vialat à l'Hôtel Las Palmas.

Aubin: C'est vrai, vous ne pouvez pas voyager avec nous, vous êtes un homme dangereux, la police vous connaît maintenant.

Nicole: Quel est le numéro du vol?

Aubin: Et la licence, la licence officielle de la douane . . . ?

Vialat: Non, jamais!

Aubin: Allons, Professeur, vous allez nous la donner, et vous savez pourquoi? Parce que maintenant votre licence, pour vous, elle ne sert à rien. Vous ne voulez pas? Eh bien, j'ai une idée. Nous allons faire un petit échange. Trois caisses contre une. Vous nous donnez la licence, et les trois caisses, et nous, nous vous donnons une autre caisse, une grande caisse . . .

Aubin lui met le révolver sous le nez.

une grande caisse pour vous tout seul!

Vialat: Non!

Nicole: Vous allez vous dépêcher, oui? Ecoute, Jacques, il faut faire quelque chose. Je veux téléphoner à François et lui dire où sont les caisses.

Aubin: Le numéro du vol.

Vialat: Non.

Aubin: Bon. Pas de numéro de vol. La licence alors.

Vialat: Non.

Nicole: Jacques, fais comme tu veux, mais il nous faut cette licence. Je dois avertir François immédiatement. Autrement c'est probablement Casenave qui va recevoir les caisses à Paris.

Aubin: Casenave, ça vous dit quelque chose?

Vialat: Non.

Aubin: Si! Vous lui avez téléphoné.

Vialat: Moi? Non.

Aubin: C'est assez! Où est la licence? Je la veux, vous entendez, et tout de suite.

Vialat: Non.

Aubin:	Vous m'énervez à la fin. Vous avez parlé d'une licence. Où est-elle?

Vialat ne répond pas.

Nicole:	Eh bien, nous allons la chercher, et la trouver. Jacques . . .
Aubin:	Oui?
Nicole:	Tu vas le fouiller, ses poches, son pantalon, sa veste.
Vialat:	Non. Laissez-moi.

Vialat se lève. Aubin se lance sur lui. Les deux hommes se battent. Aubin tient le révolver de la main droite; de la main gauche il se bat avec Vialat. Vialat, lui, a ses deux mains, mais il n'est pas jeune; pourtant il se bat. Aubin met la main dans une poche de la veste de Vialat; Vialat perd l'équilibre, il tombe; Aubin, la main dans la poche de la veste de Vialat, tombe avec lui et sur lui. Au même moment, le révolver part, accidentellement. Vialat pousse un cri.

Nicole:	Ça alors, c'est malin!
Aubin:	Mais, je ne l'ai pas fait exprès. Le révolver est parti tout seul. C'est son épaule, c'est seulement son épaule.
Nicole:	Cherche la licence maintenant. Il l'a certainement sur lui.

Aubin cherche dans toutes ses poches. Enfin il trouve deux feuilles de papier.

Aubin:	Tiens, la voilà. Je pense que c'est ça. Regarde.
Nicole:	Oui, c'est bien ça. Déclaration officielle en douanes. Trois caisses. Et voici l'autorisation de la douane.
Aubin:	Mais c'est formidable! Une autorisation officielle?
Nicole:	Tout à fait officielle. Et regarde ceci. ''Contenu des caisses: artisanat''.
Aubin:	Avec ça, il n'y a pas de problème. Pas bête le Professeur . . .
Nicole:	Oui, mais c'est fait au nom de Vialat. Il faut changer le nom, pour retirer les caisses à Paris, tu comprends?
Aubin:	Non, il ne faut pas changer le nom; si tu changes le nom, ça a l'air d'un faux. Il faut une déclaration, une permission de Vialat. Comment appelles-tu ça? Une . . .
Nicole:	Une autorisation?
Aubin:	C'est ça, une autorisation de Vialat qui dit que nous pouvons retirer les caisses à Paris, en son nom. Professeur . . .

Vialat:	Je vous en prie, laissez-moi, laissez-moi maintenant.
Aubin:	Debout! Je vais vous aider. Vous allez vous lever et vous allez vous asseoir à cette table.
Vialat:	*(souffrant)* Attention . . . ça fait mal . . . oh, la, la.
Nicole:	Mais il saigne, il saigne très fort.
Aubin:	Ce n'est pas le moment de nous occuper de lui. Il faut d'abord nous occuper de cette licence. Vialat, prenez cette plume. Ecrivez.
Vialat:	Je . . . peux pas, je ne peux pas.
Aubin:	Si, vous le pouvez. Ecrivez.
Vialat:	Où?
Aubin:	Sur la licence, au bas de cette page. Ecrivez. ''Je, sous-signé, Jean Vialat, autorise . . . Continuez! . . . ''autorise Nicole Tourneur et Jacques Aubin . . .
Nicole:	Une seconde, Jacques. ''Autorise François Rongier.'' Je préfère ça. Après tout, les caisses sont à François et puis s'il nous arrive quelque chose . . .
Aubin:	D'accord, je préfère aussi. '' . . . autorise François Rongier . . .
Vialat:	Ah non, pas lui! Je ne peux pas.
Aubin:	Si! Ecrivez. '' . . . François Rongier à retirer en mon nom . . . les trois caisses que j'ai expédiées . . . à Paris . . . avec la présente déclaration . . . Signé: Jean Vialat''.

Vialat signe et tombe lourdement sur la table. Nicole s'approche de lui et examine son épaule.

Aubin:	Viens, Nicole, il faut partir maintenant.
Nicole:	Mais, il est à moitié mort!
Aubin:	Mais non, c'est seulement son épaule; ce n'est pas grave.
Nicole:	Il saigne, il saigne même très fort. Nous ne pouvons pas le laisser comme ça.
Aubin:	Nous ne pouvons pas rester ici. Qu'est-ce que tu veux faire? Appeler la police? Une ambulance?
Nicole:	Je ne dis pas ça. Je dis que . . .
Aubin:	Et moi, je te dis qu'il faut partir immédiatement. La police l'a suivi, et si la police arrive et nous trouve ici, nous sommes fichus.
Nicole:	Oui, oui, je sais . . .
Aubin:	Allons, viens maintenant. Il ne faut pas rester ici; c'est trop dangereux. Viens. Non, pas par la porte. Il y a la patronne de

l'hôtel et elle peut nous voir. Nous allons sortir par ici, par cette fenêtre.

Il sort le premier, il saute.

Aubin: *(éloigné)* Viens! Saute maintenant. Saute vers moi. Saute!

Nicole saute à son tour. Aubin la reçoit dans ses bras.

Seul dans sa chambre, la tête sur la table, Vialat appelle faiblement au secours.

Aubin et Nicole se sont enfuis. Ils ont couru. Maintenant ils marchent dans une rue des faubourgs de la ville. Ils cherchent un téléphone, un bureau de poste.

Chez lui, à Neuilly, François Rongier attend toujours des nouvelles de ses amis. Il ne peut pas toujours promettre, promettre encore, et mentir à Casenave. Et puis, il faut savoir ce qui se passe là-bas. Est-ce qu'enfin, oui ou non, Nicole va le rappeler?!

Nicole: Voilà, ça y est, ça sonne maintenant.

François: Allô, Rongier à l'appareil.

Nicole: C'est moi, François; j'ai des nouvelles.

François: Enfin! Alors qu'est-ce qui se passe?

Nicole: Nous avons retrouvé les caisses, enfin pas encore mais . . .

François: Tu les as ou tu ne les as pas?

Nicole: Non, mais elles partent demain sur le vol Trans Air 852.

François: Quel vol dis-tu?

Nicole: Attends une seconde, je vais vérifier . . . Jacques, regarde le numéro de vol sur la licence.

Aubin: Trans Air 852. Départ 10h30 demain matin.

Nicole: Oui, c'est bien ça, 852. Alors écoute, les caisses vont arriver par ce vol, avec une licence officielle.

François: C'est formidable. Comment est-ce que vous avez fait ça?

Nicole: Je ne peux pas t'expliquer maintenant, pas par téléphone. Nous avons eu un petit problème avec Vialat. Alors tu as bien compris? Les caisses arrivent par le vol 852 et nous aussi. Nous n'avons pas de réservation mais . . .

François: D'accord. Je vous attends à l'aéroport. Et dis-moi, pour le reste, tout va bien?

Nicole: Oui; enfin euh . . . je ne sais pas. Nous avons de gros ennuis. Je

	ne peux pas t'expliquer au téléphone. J'espère que . . . Si nous
	pouvons nous cacher pendant la nuit, c'est sans problème.
François:	Bon. Je vous dis bonne chance et à demain à l'aéroport. Et merci.
Nicole:	Oui, François, oui . . . A demain.

Nicole explique à Aubin ce que François lui a dit.

Et les revoici maintenant qui marchent dans la rue.

Nicole:	Je suis fatiguée. Qu'est-ce que nous allons faire?
Aubin:	Je ne sais pas.
Nicole:	Où pouvons-nous aller?
Aubin:	Pas à l'hôtel en tout cas.
Nicole:	Je me demande comment va Vialat.
Aubin:	Ce n'est pas grave, c'est seulement son épaule. Et puis, nous n'allons pas nous occuper de ce salopard. D'abord, il faut nous occuper de nous. Nous allons passer la nuit quelque part tranquillement. Et puis, demain matin, nous allons prendre une réservation sur le vol 852. Il faut attendre jusqu'à demain, juste avant le départ de l'avion.
Nicole:	Comme tu veux. Je suis crevée. Tu ne vois pas un taxi quelque part?
Aubin:	Un taxi? Tu es folle. Les chauffeurs de taxi c'est bavard comme des vieilles femmes, surtout avec la police. Non, pas question de prendre un taxi. Nous, deux étrangers dans un faubourg de Merida, tard le soir, c'est plutôt suspect.
Nicole:	Oui, tu as raison, pas de taxi. Mais où allons-nous? Est-ce que tu as vu un hôtel par ici?
Aubin:	Pas question d'aller à l'hôtel. Pas de taxi, pas d'hôtel. Si la police nous recherche . . .
Nicole:	Oui . . . La police . . . Je me demande si la police . . .
Aubin:	Eh bien quoi, la police?
Nicole:	Je ne sais pas, Jacques, je ne sais pas.
Aubin:	Eh bien, moi, je sais ce que tu penses. Tu penses que Vialat a appelé au secours, qu'il a appelé la patronne de l'hôtel et qu'elle a appelé la police. Eh bien oui, tu as raison, c'est possible. Et c'est pourquoi je te dis: il ne faut pas aller à l'hôtel. Allez, viens, nous allons marcher et nous allons passer la nuit sur la plage. La nuit est chaude. Viens!

Ils marchent en silence. Nicole se tourne vers Aubin.

Nicole:	Pourquoi as-tu tiré sur lui?
Aubin:	Je ne l'ai pas fait exprès, c'est un accident.
Nicole:	Tu as tiré et . . .
Aubin:	Et?
Nicole:	Et maintenant il va parler.
Aubin:	Ah, c'est ça! Tu m'accuses parce que je ne l'ai pas tué!
Nicole:	Mais non, Jacques, mais non ce n'est pas ça.
Aubin:	Tu as peur, voilà tout, tu crèves de peur! Eh bien moi, j'en ai assez, tu comprends? J'ai déjà assez de problèmes sans toi. Je n'ai pas besoin de tes accusations et de tes bêtises. Non mais, regarde-moi ça! Le chef de l'expédition . . . qui crève de peur. Eh bien ma vieille!
Nicole:	Oui, j'ai peur. Je l'avoue. Je me sens seule; oui je me sens seule après avoir blessé un homme. Tu ne comprends pas, évidemment, tu ne comprends pas parce que tu es "un homme", un dur, un courageux, un homme quoi! Mais la tristesse, la pitié . . . zéro!

Ils se taisent. Une voiture remonte la rue et vient vers eux.

Nicole:	Embrasse-moi. Prends-moi dans tes bras.

Il hésite. Elle se jette dans ses bras.

Nicole:	Tiens-moi fort. Embrasse-moi, imbécile! Fort, je te dis! Comme un amoureux, comme un homme! C'est la police . . .

Aubin serre Nicole dans ses bras; il l'embrasse. Il la tient contre lui, très fort. La voiture de police ralentit. Aubin met une main sur l'épaule de Nicole, l'autre dans sa nuque, et il l'embrasse encore. La voiture s'arrête un moment; les policiers rient et repartent.

Nicole:	Tu vois?
Aubin:	Je vois quoi?
Nicole:	Que ça marche.
Aubin:	Oui, ça marche même très bien.
Nicole:	Les amoureux, c'est toujours innocent!
Aubin:	Même quand ils se tuent?
Nicole:	*(en souriant)* Nous n'allons pas faire ça tout de même.
Aubin:	Non, tu as raison. Pas tout de suite. Viens, allons à la plage et passons la nuit là, sur le sable; toi, et moi, tu veux? Attends . . .

| | Embrasse-moi. Il n'y a pas de voiture de police, mais embrasse-moi. Tu veux? |
| Nicole: | Oui, Jacques, oui je veux. C'est peut-être la dernière bonne chose que nous pouvons encore faire. |

Ils s'embrassent. Cette fois Nicole ne doit pas lui dire de la serrer fort dans ses bras.

QUESTIONNAIRE

1. Nicole et Aubin demandent 2 numéros à Vialat. Lesquels?
2. Pourquoi les deux hommes se battent-ils?
3. Est-ce que le révolver part accidentellement? Comment?
4. Où Vialat est-il blessé?
5. A qui faut-il une autorisation de Vialat? Pour quoi faire?
6. Qui va prendre le vol 852 pour la France?
7. A quelle heure Nicole et Aubin doivent-ils partir?
8. Pourquoi ne faut-il pas retourner à l'hôtel?
9. Où Nicole et Aubin vont-ils passer la nuit?
10. Nicole avoue qu'elle a peur. Pourquoi a-t-elle peur?

16 Carte postale

La nuit est tombée, la nuit tropicale, une nuit douce et chaude.
La mer est calme, le sable doux; la lune, pleine et ronde, a pris
place au-dessus des palmiers. Aubin et Nicole se promènent sur
cette "carte postale".

Nicole: Que c'est beau tout ça!

Aubin: Moi, je te trouve plus belle encore.

Nicole: *(elle rit)* Plus belle que la lune?

Aubin: Plus belle.

Nicole: Parce que je suis plus près de toi . . . ?

Aubin: Non. Imagine . . . Imagine que toi tu es là-haut, à la place de la lune, et que la lune est ici sur la plage. Eh bien, moi je monte là-haut, pour te prendre!

Nicole: Tu es adorable.

Ils marchent sur la plage, le long de la mer, puis ils remontent
vers les palmiers.

Nicole: Regarde, regarde la lumière de la lune à travers les feuilles des palmiers; tu vois? elle fait des lignes blanches et noires sur le sable.

Aubin: Des zébrures . . . comme sur un zébre. *(il rit)* Tu te souviens? L'histoire du sergent, celle du zèbre qui rencontre un taureau?

Nicole: *(elle rit et l'embrasse)* Tu es moins romantique que tout à l'heure.

Aubin: Nous allons passer la nuit ici, sous les palmiers, tu veux?

Nicole: Oui.

Aubin: Nous allons coucher . . . ici, tiens. Je vais faire un lit dans le sable, avec deux oreillers. Tu vas voir, ça va être merveilleux, et très confortable. Tu ne trouves pas que c'est plus agréable ici qu'à l'hôtel?

Nicole: Oui.

Aubin: En tout cas c'est plus sûr.

Nicole: Oui . . .

Aubin: Mais qu'est-ce que tu as?

Nicole: Moi? Rien.

Aubin: Mais si, je le vois bien, tu as quelque chose.

Nicole:	Mais non . . .
Aubin:	Je te connais bien maintenant, et je sais que tu as quelque chose. Tu me réponds: oui, non. Qu'est-ce qui ne va pas?
Nicole:	Je ne sais pas.
Aubin:	Tu le sais très bien, mais tu ne veux pas le dire. Ecoute, Nicole, nous sommes bien, toi et moi, non? Tu peux me parler. Qu'est-ce qu'il y a? Tu penses à quelque chose. Dis-moi. Qu'est-ce que c'est?
Nicole:	Je suis un peu triste, voilà tout.
Aubin:	Triste?
Nicole:	Enfin . . . j'ai de la peine, si tu préfères.
Aubin:	De la peine? C'est moi? C'est à cause de moi?
Nicole:	Non. Non ce n'est pas toi. Au contraire. Tu . . .
Aubin:	Je . . . ?
Nicole:	Ecoute, Jacques. Je pense à Vialat.
Aubin:	Ah, c'est ça?
Nicole:	Oui. Je n'aime pas ce type, tu le sais bien, mais enfin il est blessé et. . . .
Aubin:	Il ne faut pas penser à lui. Il faut seulement penser à nous.
Nicole:	Eh bien oui, je pense à nous. C'est nous, NOUS tu entends, c'est nous qui l'avons blessé.
Aubin:	C'est un accident, je ne l'ai pas fait exprès, le révolver est parti tout seul, je te le jure.
Nicole:	Oui. Et s'il est mort?
Aubin:	Mais non!
Nicole:	Ou s'il est en train de mourir . . .
Aubin:	Je te dis que ce n'est pas grave. Ce n'est rien. C'est seulement son épaule. Nicole, je t'en prie . . .
Nicole:	Tu as peut-être raison, mais nous ne savons pas.
Aubin:	C'est vrai; nous ne savons pas. Et alors? Qu'est-ce que nous pouvons faire?
Nicole:	Je ne sais pas.
Aubin:	Si, tu sais. Tu as une idée. Qu'est-ce que c'est? Retourner à son hôtel pour voir?
Nicole:	Eh bien oui!
Aubin:	Tu es folle.
Nicole:	Retourner à son hôtel et nous occuper de lui.
Aubin:	Non, Nicole, non. Je refuse. Je refuse absolument. Tu es bonne, tu es généreuse, mais c'est de la folie. Vialat, tu comprends, mort

	ou pas mort, nous ne pouvons rien faire pour lui. Et puis . . . tu ne veux pas me croire?
Nicole:	Oui, Jacques . . .
Aubin:	Ecoute, retourner à l'hôtel, c'est de la folie. Il a sans doute appelé à l'aide. La patronne de l'hôtel le soigne probablement. Et elle a peut-être appelé la police. Alors tu vois, si nous retournons à l'hôtel, nous allons droit dans les mains de la police.
Nicole:	Oui, je sais, je sais . . .
Aubin:	Et puis je te dis qu'il n'est pas blessé, enfin pas gravement. C'est seulement son épaule. Il faut oublier Vialat. C'est un salopard, il a triché avec nous. Oui ou non?
Nicole:	Oui . . .
Aubin:	Alors tu vois, c'est nous d'abord. Nous.
Nicole:	Je sais. Mais j'ai de la peine.
Aubin:	Oublie ta peine, oublie tout ça. Pense à une chose: nous passons la nuit ici, tranquillement, et demain, demain matin, nous prenons l'avion pour Paris. Pour Paris, tu te rends compte? Et quinze heures plus tard nous sommes à Paris, toi et moi, avec des objets qui valent une fortune, des millions!
Nicole:	Des millions. Oui, je sais. Donne-moi seulement un petit baiser, un seul . . .
Aubin:	Pas "un seul"; pour toi, des millions. Et voici le premier.

A l'Hôtel Las Palmas, dans sa chambre, Vialat reprend connaissance. Il examine son épaule. Il saigne, il a mal. Il se lève. Il tombe contre la porte.

Vialat:	*(il crie)* Señora . . . Señora! . . . Señora!!
Patronne:	*(éloignée)* Oui, qu'est-ce qu'il y a?
Vialat:	Montez vite. S'il vous plaît . . .
Patronne:	*(éloignée)* Je suis occupée. Vous ne pouvez pas attendre deux minutes?
Vialat:	Non. Maintenant. Je vous en prie.
Patronne:	*(éloignée)* Bon. Je viens . . .
	Mais . . . mais qu'est-ce que vous avez? Du sang! Mon Dieu, il y a du sang partout!
Vialat:	Je suis blessé. A l'épaule.
Patronne:	Allons, vite! Il faut rentrer dans votre chambre s'il vous plaît.
Vialat:	Je ne peux pas. Il faut m'aider.

Patronne:	Mais je ne peux pas, moi. Vous êtes trop lourd.
Vialat:	Aidez-moi, il faut m'aider.
Patronne:	Allons, bon . . .

Elle l'aide à rentrer dans sa chambre. Elle referme la porte. Il se couche sur le lit.

Patronne:	Mais qu'est-ce qui vous est arrivé?
Vialat:	Une balle de révolver.
Patronne:	Ce sont vos amis qui vous ont fait ça?
Vialat:	Oui, mes amis . . .
Patronne:	J'appelle la police.
Vialat:	Non, je vous en prie. N'appelez pas la police. Je ne veux pas la police ici.
Patronne:	Je n'aime pas la police dans mon hôtel mais . . .
Vialat:	Non, je vous dis, non. Vous allez me soigner et demain je pars. Je vous le promets. Demain je pars. Mais il ne faut pas appeler la police.
Patronne:	Bon, eh bien euh . . . Mais quelle histoire! Enfin . . . Allez, c'est d'accord. Je vais m'occuper de vous, je ne peux pas vous laisser comme ça. Vous allez attendre une seconde sur votre lit et je reviens.
Vialat:	Où allez-vous? Vous n'allez pas appeler la police?
Patronne:	Mais non, c'est promis. Je vais chercher des choses pour vous soigner. Il faut bien vous soigner avec quelque chose.
Vialat:	Alors, allez-y vite.
Patronne:	Je reviens.

Elle sort de la chambre et quelques minutes plus tard elle est de retour.

	Voilà; maintenant j'ai tout ce qu'il faut. Vous allez rester couché et je vais regarder ça.
	La balle est encore dans votre épaule. Je ne suis pas médecin, moi; je ne peux pas l'enlever. Je vais nettoyer tout ça; enfin je vais essayer . . . Voilà, c'est un peu plus propre maintenant. Et ça saigne moins fort. Ça fait mal?
Vialat:	Ça fait moins mal maintenant. Je vous remercie, je vous remercie beaucoup. Vous êtes très gentille.
Patronne:	Attendez, je n'ai pas encore fini.
Policier:	*(éloigné)* Il y a quelqu'un? Il y a quelqu'un?

Patronne:	Qu'est-ce que c'est encore? Ah, les clients, vous savez, parfois . . . !
Policier:	*(éloigné mais criant fort)* Il y a quelqu'un?
Patronne:	Il m'énerve celui-là. Attendez une seconde. Je vais voir ce que c'est. Je reviens tout de suite.

Elle laisse Vialat dans sa chambre, referme la porte et descend. Un homme l'attend à la réception.

	Alors? Qu'est-ce que c'est? Qu'est-ce que vous voulez?
Policier:	Police.
Patronne:	Police? Mais qu'est-ce qu'il y a?
Policier:	Rien peut-être. Je ne sais pas encore, mais vous pouvez m'aider.
Patronne:	Vous aider? Comment?
Policier:	J'ai suivi un homme cet après-midi, et puis il s'est enfui et je l'ai perdu.
Patronne:	Ce n'est pas ma faute tout de même.
Policier:	Il n'est pas ici par hasard? J'ai déjà cherché dans plusieurs autres hôtels.
Patronne:	Eh bien, j'ai plusieurs clients mais . . .
Policier:	Il s'appelle Vialat. Jean Vialat. Il est ici?
Patronne:	Vialat? Non. Je n'ai personne qui s'appelle comme ça.
Policier:	Vous êtes sûre?
Patronne:	Puisque je vous le dis. Si vous ne me croyez pas, vous pouvez regarder dans mon livre. Tenez, voilà mon livre, vous pouvez vérifier.
Policier:	Il vous a peut-être donné un faux nom. C'est un homme de soixante, soixante-cinq ans. Cheveux gris. Pas très grand. Français. Ça ne vous dit rien?
Patronne:	Non. Et puis il n'y a pas de Français ici. J'ai un Anglais, mais pas de Français.
Policier:	Eh bien, je vous remercie. Je vais essayer dans un autre hôtel.
Patronne:	Je regrette, je ne peux pas faire plus pour vous. Au revoir. Bonne nuit. . . .
Policier:	Mais qu'est-ce que c'est que ça sur votre manche. Du sang?
Patronne:	Eh bien oui. Je ne l'ai pas vu.
Policier:	D'où est-ce qu'il vient?
Patronne:	Oh, c'est rien, ce n'est rien. C'est mon mari; il s'est coupé. Il s'est coupé avec son rasoir.
Policier:	Il se rase au milieu de la nuit?

Patronne:	Mais non, il y a deux heures, trois heures, je ne sais pas, moi! Et puis il ne m'a pas expliqué comment. Il m'a seulement dit: je me suis coupé, aide-moi. Alors voilà.
Policier:	C'est ça, vous l'avez soigné et il a mis du sang sur votre manche. Il y a deux ou trois heures, vous dites?
Patronne:	Oui . . . Je crois.
Policier:	Mais ce sang sur votre manche, il est tout frais. Ça vient de se passer, il n'y a pas longtemps. Allons, Madame, vous allez me dire la vérité maintenant.
Patronne:	Mais je vous l'ai dite.
Policier:	Non. La preuve, ce sang sur votre manche est tout frais. Ecoutez-moi bien. Je suis arrivé à votre hôtel, je vous ai appelée plusieurs fois, je vous ai attendue deux ou trois minutes, et puis vous êtes sortie d'une chambre. Vrai ou faux?
Patronne:	C'est vrai. Et puis après?
Policier:	Et vous vivez là dans ces chambres? Mais non, Madame. Votre appartement, votre chambre, votre cuisine, je les vois d'ici. C'est là derrière la réception et pas en haut.
Patronne:	Mais qu'est-ce que vous voulez enfin? J'ai un peu de sang sur ma manche et puis? Ce n'est pas un crime.
Policier:	Non, mais vous avez menti.
Patronne:	Moi?
Policier:	Eh bien, nous allons voir ça. Vous allez me conduire à cette chambre là-haut. Je vais dire bonsoir à votre mari et voir si tout va bien pour ce pauvre homme. Venez, Madame, nous allons lui dire bonsoir. Après vous, je vous en prie . . .

QUESTIONNAIRE

1. Qu'est-ce qu'on entend au bord de la mer?
2. En quoi la plage ressemble-t-elle à une carte postale?
3. La nuit est agréable, la plage est sûre, mais Nicole a quelque chose! Qu'est-ce qui ne va pas?
4. Que peuvent faire Nicole et Aubin pour Vialat?
5. Pourquoi est-ce de la folie que de retourner à l'hôtel?
6. Combien de temps faut-il pour aller en avion de Mexique à Paris?
7. Qui soigne Vialat?
8. Pourquoi la patronne n'appelle-t-elle pas la police?
9. Qu'est-ce qu'il y a sur la manche de la patronne?
10. Où est l'appartement de la patronne?

17 Le chien jaune

Dans sa chambre, Vialat attend le retour de la patronne de l'hôtel. Il a entendu des voix et maintenant il entend des pas dans l'escalier. Elle n'est pas seule. Qui monte avec elle? Il a peur. Il fait un effort; il se lève et va à la porte. Les pas se rapprochent maintenant. Il ferme la porte à clé. Les pas s'arrêtent. Silence . . .

Policier:	Alors, Madame, votre mari s'enferme à clé maintenant?
Patronne:	Eh bien . . . je ne sais pas, moi.
Policier:	Allons, ça suffit. Ouvrez la porte.
Patronne:	Mais je n'ai pas de clé.
Policier:	Ouvrez.
Patronne:	Vous allez tout casser!
Policier:	Eh bien, ouvrez alors. C'est plus simple.
Patronne:	Ouvrez! C'est moi.

Vialat regarde la fenêtre ouverte. Les autres sont sortis par là, mais ils sont jeunes; et puis, lui, il est blessé. Alors Vialat va se coucher sur le lit et il attend. La patronne appelle. Le policier donne de grands coups sur la porte, plus fort et encore plus fort. La porte s'ouvre sous les coups du policier qui voit Vialat sur le lit, le reconnaît, se jette sur lui.

Patronne:	Vous ne pouvez pas faire attention, non? Il est blessé.
Vialat:	Oh, vous! Sale vache . . .
Policier:	Je vous tiens maintenant, Monsieur Vialat.
Vialat:	Une vache; oui, vous êtes une vache.
Policier:	Allons, allons . . .
Vialat:	Vous êtes content maintenant? Vous m'avez donné. Ou alors vous m'avez vendu. Il vous a payé combien pour ça?
Patronne:	Non, ce n'est pas vrai. C'est lui. Il est venu à l'hôtel. C'est lui qui m'a forcée. Moi, je n'ai rien dit.
Vialat:	Combien, hein? combien?
Patronne:	Pourquoi est-ce que vous dites ça? Il ne m'a pas payée. Je n'ai rien dit. Et j'ai même essayé . . .
Vialat:	Oh oui!

Policier:	C'est assez maintenant. Et puis vous vous trompez, elle dit la vérité. Oui, à vous elle dit la vérité. A moi, elle a menti. Elle m'a dit: c'est mon mari qui est là-haut dans cette chambre.
Patronne:	C'est vrai, Monsieur, c'est vrai, j'ai tout essayé.
Policier:	Allez, fini les beaux sentiments. Je vous arrête, Vialat. Vous allez me suivre maintenant.
Patronne:	Mais il est blessé. Il faut faire quelque chose.
Policier:	Eh bien, je vais l'emmener à l'hôpital. Vous pouvez marcher?
Vialat:	Oui, je crois; je ne sais pas.
Policier:	Vous allez essayer et je vais vous aider. Allons, debout s'il vous plaît.
Patronne:	Du courage, Monsieur, du courage . . . Est-ce que vous me croyez maintenant? Dites-moi que vous me croyez.
Vialat:	Il y a de l'argent, là sur la commode.
Patronne:	Mais je ne veux pas d'argent!
Vialat:	Prenez-le. Pour la chambre. Et puis pour la porte qui est cassée; c'est ma faute.
Patronne:	Non merci, je ne veux rien.
Policier:	Venez maintenant; nous allons descendre.
Patronne:	Faites attention à son épaule. S'il vous plaît.

Ils descendent lentement l'escalier. Le policier conduit Vialat à sa voiture. La voiture démarre et laisse derrière elle le petit Hôtel Las Palmas. Le policier prend son radio-téléphone.

Policier:	Allô, ici la voiture 212. J'appelle l'Inspecteur Ayala . . . Ici la voiture 212. A vous . . . Oui, Monsieur l'Inspecteur. Je l'ai. Je l'ai arrêté. Il était dans un petit hôtel. C'est là que je l'ai trouvé. Mais il est blessé . . . Non, non, il était déjà blessé quand je suis arrivé. Une balle de révolver dans l'épaule. Alors je l'emmène à l'hôpital, d'accord? . . . Oui, il était seul. Pour l'hôpital, c'est d'accord? Je l'emmène tout de suite et je l'interroge là-bas. Terminé.
Vialat:	Vous avez dit que j'étais seul. Pourquoi?
Policier:	Eh bien, vous étiez seul, non?
Vialat:	Oui, mais pourquoi avez-vous dit . . .
Policier:	Nous allons vous interroger plus tard.
Vialat:	Est-ce que c'est vrai que la patronne . . .
Policier:	Oui, c'est vrai. J'étais en bas. Elle est descendue. Elle m'a raconté des histoires. J'ai vu du sang sur sa manche. Elle m'a dit

	que c'était son mari qui était blessé. Elle m'a dit que vous étiez son mari.
Vialat:	Vous allez m'arrêter?
Policier:	Nous allons voir ça plus tard. Maintenant nous allons à l'hôpital, c'est plus urgent.

Le policier accélère et la voiture roule à toute vitesse dans les rues de la ville.

Et sur la plage. Aubin et Nicole sont toujours là. Il faut attendre le matin. La lune, qui était au-dessus des palmiers, est maintenant descendue derrière les arbres; mais il fait toujours nuit. Ils sont couchés sur le sable. Soudain, Nicole s'assied.

Nicole:	Et le révolver?
Aubin:	Eh bien quoi, le révolver?
Nicole:	Tu ne l'as pas laissé dans la chambre de Vialat?
Aubin:	Non, je l'ai ici.
Nicole:	Il ne faut pas le garder. Il faut le jeter.
Aubin:	Oui, tu as raison. Je vais faire ça tout de suite.
Nicole:	Où vas-tu le mettre?
Aubin:	Je vais le cacher dans le sable; tu ne crois pas? Je vais faire un trou dans le sable, un grand trou.
Nicole:	Je vais t'aider.
	Ça va comme ça?
Aubin:	Non. Plus profond.
	Ça va, c'est bien comme ça.

Il jette le révolver dans le trou. Et puis, de nouveau avec leurs mains, ils remettent le sable, ils remplissent le trou.

Aubin:	Voilà, ça y est maintenant. C'était une bonne idée. Maintenant au moins, nous sommes tranquilles. Pas de révolver. Pas de caisses, enfin pas à notre nom, elles sont au nom de Vialat.
Nicole:	J'espère qu'il n'a pas parlé. Mais si j'étais à sa place, je me demande si . . .
Aubin:	Tiens! Qu'est-ce que c'est que ça?
Nicole:	Quoi?
Aubin:	Sur mon pantalon.
Nicole:	Mais c'est du sang! Tu saignes?
Aubin:	Non, je ne saigne pas.

Nicole:	Mais alors qu'est-ce que c'est?
Aubin:	Ça vient de Vialat, sûrement.
Nicole:	Mais comment?
Aubin:	Je me souviens maintenant. Je l'ai attrapé, il est tombé, je suis tombé sur lui. Il était déjà blessé. Nous étions par terre, j'étais sur lui, mon genou était sur son épaule, et voilà comment c'est arrivé.
Nicole:	Il faut nettoyer ça, il faut enlever ce sang.
Aubin:	Le sang, je crois, ce n'est pas facile.
Nicole:	Ça doit partir. Nous allons essayer avec de l'eau de mer.

Ils se lèvent et traversent la plage. Avec de l'eau de mer ils essaient de laver le sang.

Nicole:	Je crois que ça part.
Aubin:	Non.
Nicole:	Mais si; regarde . . .
Aubin:	Mais non. Tu le vois moins parce qu'il y a de l'eau, c'est plus foncé mais c'est toujours là.
Nicole:	Oui, tu as raison. Ah . . . tout était si simple, si beau! Nous étions presque . . . c'était presque comme si nous étions déjà à Paris. Et puis maintenant avec ce sang, si la police nous recherche, si la police voit ce sang sur ton pantalon . . .
Aubin:	Allons, ma chérie, ce n'est pas grave. Quelques heures encore et nous sommes dans l'avion.
Nicole:	Mon Dieu, que j'ai eu peur!
Aubin:	Mais où était-il celui-là? File, sale bête, file! Tu vas filer, non? Vermine!

Aubin lève la main; puis il jette du sable au chien, qui s'enfuit.

Nicole:	Mais d'où vient donc cet animal?
Aubin:	Il y a seulement une minute il n'était pas là et puis tout d'un coup il aboie comme un fou. Mais ça va maintenant; il est parti.

Le chien court à travers la plage, vers les palmiers, mais soudain il s'arrête.

Nicole:	Non, regarde, il est là-bas.
Aubin:	Mais qu'est-ce qu'il fait?

Le chien creuse le sable, il fait un trou.

Aubin:	Le révolver! Il a trouvé le révolver. Oh, le salopard . . .

Le chien creuse, rejette le sable derrière lui. Aubin prend Nicole par la main et ils courent vers le chien.

Aubin: File, sale bête!

Le chien creuse toujours. Le révolver, qui était sous le sable, est là maintenant devant eux, au fond du trou.

Nicole: C'est un chien de la police.

Aubin: Mais non, mais non. File!

Aubin essaie de prendre le révolver, mais le chien défend le trou. Aubin prend du sable dans sa main et le jette au chien qui maintenant tourne autour de Nicole et Aubin.

Aubin: Qu'est-ce qu'elle a cette sale bête?

Nicole: Il faut partir d'ici. C'est peut-être un chien de la police.

Aubin: Mais non, si la police était ici. . . Non, c'est un chien qui se promène, ni plus ni moins.

Nicole: Et qui nous déteste! Il faut partir d'ici.

Aubin: Si tu veux. D'ailleurs le jour va se lever.

Aubin jette des pierres au chien. Le chien, c'est un chien jaune avec une tache rouge sur le dos, s'enfuit, mais bientôt, il s'arrête, il se retourne, il revient vers eux.

Aubin: Viens.

Nicole: Non.

Aubin: Mais tu étais d'accord pour partir.

Nicole: Non, Jacques, je ne peux pas.

Aubin: Viens, je te dis.

Nicole: Oh, ce chien . . . ce chien!

Aubin: Tu ne vas pas pleurer, non?

Nicole: Nous étions si bien, toi et moi . . . Ce chien! Et puis tout le reste; Vialat blessé. La police. Et puis encore ce chien qui aboie. Mais qu'est-ce que nous faisons ici?

Aubin: Nous attendons l'avion pour Paris.

Nicole: Tu es optimiste!

Le chien approche.

Sale bête!

Nicole prend une pierre et la jette vers le chien qui s'enfuit mais revient plus près encore.

	Mais tu ne comprends pas? Ils vont nous prendre. La police va nous avoir.
Aubin:	Ce n'est pas un chien de la police.
Nicole:	Mais quelle différence? Il est là. Il va réveiller tout le monde. Quelqu'un va nous voir et avertir la police. Tue-le, tue-le, je te dis!
Aubin:	Quoi? Un coup de révolver? C'est ça qui va faire du bruit et réveiller tout le monde.
Nicole:	Allons-y maintenant. Il faut partir tout de suite. Ecoute, Jacques, il faut abandonner, nous sauver, quitter la ville. Oui, c'est ça, quitter la ville immédiatement.
Aubin:	Et François? Et les caisses?
Nicole:	Il ne fait rien pour nous François; il n'est pas ici François; il y a seulement cet horrible chien jaune, et la police. Non, il faut quitter la ville, et pas par l'avion, en autobus. Nous pouvons envoyer la licence de la douane par la poste.
Aubin:	Par la poste? Mais ça va prendre une semaine. Non? Je refuse. Nicole, écoute . . . Tu es déprimée, tu es fatiguée probablement, mais il faut rentrer à Paris, et avec les caisses. Toi et moi. Tu veux?
Nicole:	Oui . . . toi et moi.
Aubin:	Eh bien, nous allons rentrer à Paris. Nous allons prendre l'avion tout à l'heure et douze heures plus tard nous sommes à Paris. Tu as téléphoné à François, non?
Nicole:	Oui, bien sûr.
Aubin:	Et tu lui as dit que nous étions sur le vol 852. Avec les caisses . . . Eh bien alors? Nous devons rentrer à Paris avec les caisses; et après ça nous allons toucher notre argent. François nous doit bien ça, je pense . . . avec ou sans chien.

A l'hôpital. Un médecin a soigné Vialat. Il est plus calme maintenant; il a moins mal. Il est assis sur une chaise dans un bureau. Le policier l'interroge.

Policier:	Alors, qu'est-ce qui s'est passé? Qui a tiré sur vous? Qui vous a blessé? Qui était avec vous?
Vialat:	Personne.
Policier:	C'était des Français? Qui était-ce? Qui a tiré sur vous? Vous le savez, alors répondez, c'est plus simple.

Vialat:	Je ne sais pas.
Policier:	Vous ne savez pas? Eh bien nous, nous savons beaucoup de choses. Mais il y a une chose que nous ne savons pas. Qui a tiré sur vous? Et pourquoi? Vous allez parler à la fin? Qui était avec vous?
	Ah, si seulement vous étiez moins obstiné!

QUESTIONNAIRE

1. A l'hôtel, qui ouvre la porte de la chambre? Comment?
2. Où le policier va-t-il emmener Vialat?
3. Que va-t-on faire de Vialat? Le soigner? L'interroger? L'arrêter?
4. Où Jacques Aubin va-t-il jeter le révolver?
5. Si Nicole était à la place de Vialat, qu'est-ce qu'elle ferait?
6. Comment peut-on laver une tache de sang?
7. Qu'est-ce qui a fait peur à Nicole, tout d'un coup?
8. Qu'est-ce qui fait plus de bruit: un chien qui aboie? ou un coup de révolver?
9. De quelle couleur est le chien?
10. La police sait-elle qui a tiré sur Vialat?

18 Nuit blanche

Le soleil s'est levé. C'est le jour. Aubin et Nicole ont passé la nuit sur la plage et maintenant ils retournent à la ville.

Aubin: Tu vas voir . . . Quelques heures encore et nous sommes dans l'avion de Paris. Nous allons retenir deux places en ville . . .

Nicole: Deux? Plutôt trois.

Aubin: Trois?

Nicole: Tu oublies notre charmant compagnon le toutou.

Aubin: Comment, il est encore là celui-là?
Tu veux nous laisser sale bête? Mais qu'est-ce qu'il a cet animal?

Nicole: S'il continue, je vais devenir folle.

Aubin: Si j'avais mon révolver . . .

Nicole: Ne me parle pas de ce révolver.

Aubin: Il faut faire comme si le chien n'était pas là.

Nicole: Comme s'il n'était pas là! Mais il ne nous quitte pas un seul instant.

Aubin: Eh bien alors, il faut faire comme s'il était à nous. C'est ça, comme si nous avions un chien.

Nicole: A nous, un chien qui aboie tout le temps . . . qui montre les dents et qui nous déteste?

Aubin: Allez, viens maintenant. Il faut rentrer en ville et retenir nos places sur l'avion. Nous n'avons pas beaucoup de temps.

Nicole: D'accord, allons-y. Alors tu viens, sale toutou?

Aubin et Nicole et le chien jaune marchent vers le centre de la ville.

A l'hôpital, le policier interroge toujours Vialat. Le policier était seul tout à l'heure; maintenant il a avec lui un officier des douanes, mais c'est le policier qui interroge Vialat.

Policier: Vous ne voulez toujours pas parler?

Vialat: Je n'ai rien à dire.

Policier: Vous étiez près de la frontière, n'est-ce pas?

Vialat: La frontière . . . ? Non.

Policier: Vous étiez seul?

Vialat:	Oui.
Policier:	Vous mentez. Vous avez des complices, c'est évident. Pourquoi les défendez-vous?
Vialat:	Des complices? Moi? Et pourquoi faire? Je n'ai rien fait de mal. . . .
Officier:	Eh bien, Monsieur Vialat, nous allons parler d'autre chose. Nous allons parler de vos caisses. Oui, les trois caisses que vous voulez envoyer à Paris. Qu'est-ce qu'il y a là-dedans?
Vialat:	Je l'ai déclaré. C'est sur ma déclaration.
Officier:	Oui, je sais; mais votre déclaration est fausse. Voyez-vous, cher Monsieur, nous avions des doutes; alors comme nous n'étions pas sûrs, nous avons ouvert vos caisses.
Vialat:	Quand?
Officier:	Après que vous êtes parti, bien sûr; après avoir quitté l'aéroport. J'avais tout mon temps et j'ai tout découvert. Alors, je vous en prie, ne me racontez pas d'histoires. Je veux le nom de vos complices. Vous avez des complices, c'est évident. Et si vous me donnez leurs noms . . . eh bien . . . je peux demander à la police d'être moins sévère. Vous me comprenez?
Policier:	Alors? Qui était avec vous? Qui vous a blessé? Parlez et nous pouvons nous arranger.
Vialat:	Nous arranger? Comment?
Policier:	Fermer les yeux, enfin plus ou moins.
Vialat:	Pourquoi?
Officier:	Parce que ce n'est pas vous que nous recherchons. Nous recherchons votre patron, votre bande, vos complices.
Policier:	Alors?
Vialat:	Bon. Eh bien . . . si vous voulez son nom, je vous le donne. C'est Rongier, un certain François Rongier. C'est lui qui a tout organisé.
Officier:	Rongier?
Vialat:	Oui. Il habite Paris.
Policier:	Non, non, non. Il y avait quelqu'un ici avec vous. Vous n'étiez pas seul. Vous aviez une ou deux personnes avec vous pour vous aider. Ce n'était pas possible autrement. Alors, qui étaient ces personnes?
Vialat:	Je vous ai dit que Rongier était le chef.
Policier:	Et alors, qui a tiré sur vous? Ce n'est pas Rongier tout de même; puisqu'il est à Paris, il n'était pas ici hier soir. Allons, Monsieur

	Vialat, je vous donne encore une chance. Qui était avec vous dans votre chambre hier soir? Ou bien vous me répondez maintenant ou bien vous allez réfléchir en prison. Je ne peux pas être plus clair, je pense. Je vous donne encore cinq secondes.
Vialat:	Je suis fatigué.
Policier:	Trois secondes . . .
Vialat:	Eh bien oui, j'avais des complices.
Policier:	Leurs noms.
Vialat:	Jacques Aubin. Nicole Tourneur.
Policier:	Une femme?
Vialat:	Oui. Mais ils ne sont pas coupables. Le vrai coupable, c'est François Rongier; je vous l'ai dit et je vous le répète.
Policier:	Pourquoi les défendez-vous?
Vialat:	Parce qu'ils ne sont pas coupables, pas plus que moi.
Officier:	Pourtant vous avez fait de la contrebande.
Vialat:	Oui, mais pour Rongier, pas pour nous.
Policier:	Alors, si cet homme et cette femme étaient vos amis, pourquoi est-ce qu'ils vous ont blessé?
Vialat:	C'était un accident. Ils étaient dans ma chambre. Aubin m'a demandé la licence d'exportation. Je n'ai pas voulu la donner, alors euh . . . nous nous sommes battus. Il avait un révolver et le révolver est parti tout seul.
Policier:	Tout seul?
Vialat:	Oui, par accident. Ce ne sont pas des amis, mais je vous répète que c'est un accident.
Policier:	Eh bien, écoutez . . . Vous les défendez et je vous admire. Je crois que vous êtes honnête et que vous dites la vérité. Alors je veux bien vous aider. Je vais essayer d'arranger les choses pour vous.
Officier:	Moi aussi je veux bien essayer. Mais il faut nous aider.
Vialat:	Vous aider? Qu'est-ce que vous voulez encore?
Officier:	Plus tard, Monsieur Vialat, plus tard.
Policier:	Mademoiselle, s'il vous plaît . . .
Infirmière:	Oui, qu'est-ce qui se passe?
Policier:	Dites-moi, ce monsieur, est-ce qu'il peut quitter l'hôpital maintenant?
Infirmière:	Oui. Je crois qu'il est bien maintenant. Alors, ça va, Monsieur? Vous vous sentez bien?
Vialat:	Oui, j'ai moins mal. Ça va mieux.

Policier:	Bon. Alors c'est entendu. Venez avec nous. Nous partons.

Pendant ce temps, Aubin et Nicole arrivent en ville. Ils ne sont pas loin de la place principale. C'est le quartier des affaires, des boutiques, des hôtels, des compagnies aériennes.

Aubin:	Il est huit heures vingt cinq, presque huit heures et demie. Je crois que les bureaux vont ouvrir bientôt.
Nicole:	J'espère qu'il y a encore de la place sur ce vol.
Aubin:	Ce n'est pas la saison du tourisme, il y a sûrement de la place.
Nicole:	Nous devons avoir une drôle de tête, tu ne crois pas, après une nuit sur la plage.
Aubin:	Et quelques jours en prison.
Nicole:	Si seulement nous avions nos valises pour changer de vêtements.
Aubin:	C'est vrai, nous ne sommes pas très élégants, mais qu'est-ce que ça peut faire?
Nicole:	Tu as vu? Le chien nous suit toujours.
Aubin:	Je n'ai jamais vu un animal pareil.
Nicole:	S'il continue, je deviens folle. Tiens, voilà un flic.
Aubin:	Et puis alors? Reste calme.
Nicole:	Mais, il nous regarde.
Aubin:	Eh bien justement, reste calme. Et puis c'est le chien qu'il regarde. Voilà une agence de voyages. Nous allons entrer et refermer la porte très vite. Allez, vas-y, entre!
	Au revoir, toutou.
	Ça y est! Nous sommes tranquilles maintenant.
Nicole:	Au revoir, mon petit amour.

De l'autre côté de la porte, le chien aboie, puis il s'arrête; il réfléchit. Aubin et Nicole vont au comptoir et s'adressent à une employée.

Aubin:	Bonjour.
Employée:	Bonjour. Qu'est-ce que je peux faire pour vous?
Aubin:	Nous désirons deux places sur le vol Trans Air de ce matin.
Employée:	C'est pour Paris?
Aubin:	Oui.
Employée:	Alors c'est Trans Air 852. C'est peut-être un peu tard. Vous ne voulez pas partir demain?
Nicole:	Je vous en prie, il nous faut absolument deux places sur le vol de ce matin.

Aubin:	Oui, nous sommes attendus à Paris. Une affaire de famille.
Employée:	Je vais essayer. J'appelle le numéro de l'aéroport, c'est mieux . . . Allô, Trans Air? Ici l'Agence Quo Vadis . . . Vous avez deux places sur le 852 de ce matin? . . . Oui, c'est pour Paris . . . Comment? . . . Une seconde, s'il vous plaît. *(à Aubin et Nicole)* Vous avez vos billets?
Aubin:	Oui. Tenez.
Employée:	Merci. *(au téléphone)* Attendez, je vais vous dire ça . . . Oui, en classe touriste. Deux places pour Paris . . . Oui, oui, j'attends.
Nicole:	Il y a de la place?
Employée:	Je ne sais pas encore. Il va vérifier. Il y avait une liste d'attente, mais il dit que maintenant les chances sont meilleures.
Aubin:	Tu vas voir, ça va marcher; nous avons la chance avec nous. Et toutou est enfin parti.

Aubin se tourne vers la porte. Le chien jaune n'est plus là. Mais il y a une deuxième porte, qui, elle, est ouverte. Le chien jaune, très fier, la queue en l'air, entre par cette porte. Il vient se mettre derrière Aubin et Nicole. Il montre les dents. Il aboie.

Nicole:	*(désespérée)* Ah non, non, non, non!
Aubin:	Mais file! Allez, sors d'ici!
Employée:	Allô, oui? . . . Comment? Je ne vous entends pas.
Aubin:	Mais est-ce que tu vas te taire?
Employée:	Allô? . . . Oh, ce chien! Vous ne pouvez pas faire quelque chose, non?
Aubin:	Tu vas te taire, oui?
Employée:	*(au téléphone)* Ecoutez, je ne vous entends pas, il y a un chien qui aboie; je vous rappelle.
Nicole:	Alors, il y a de la place?
Employée:	Je ne sais pas, moi. Comment voulez-vous parler au téléphone avec une bête qui aboie comme ça? Et puis ici les chiens sont interdits.
Nicole:	Vous avez raccroché. Vous allez rappeler?
Employée:	Rappeler? Ça sert à quoi? Je n'entends que votre chien.
Nicole:	Mais ce n'est pas notre chien.
Employée:	En tout cas, si vous voulez voyager avec lui, il vous faut des papiers.
Nicole:	Mais il n'est pas à nous!
Aubin:	Ecoutez, Mademoiselle, je m'excuse mais je vous en prie, rap-

	pelez Trans Air, s'il vous plaît. L'avion part dans combien de temps?
Employée:	Vous devez être à l'aéroport dans . . . quarante cinq minutes et il faut encore faire vos billets.
Aubin:	Alors téléphonez s'il vous plaît.
Employée:	Bon, je veux bien, mais essayez de vous occuper de ce chien.

Aubin et Nicole essaient de chasser le chien jaune vers la porte.

Une voiture noire, la voiture de police 212, roule en direction de l'aéroport. A l'intérieur, il y a le policier, l'officier des douanes et Vialat.

Vialat:	Mais c'est la route de l'aéroport!
Policier:	C'est exact.
Vialat:	Vous me conduisez à l'aéroport? Je peux prendre mon avion pour Paris?
Policier:	Oui, nous vous conduisons à l'aéroport. Mais vous ne prenez pas l'avion pour Paris, en tout cas pas aujourd'hui.

Pendant ce temps, à l'agence de voyages . . .

Employée:	Bon. Ça y est. Voilà. J'ai donné vos noms à Trans Air et voici vos billets.
Nicole:	Ça y est? Nous pouvons partir?
Employée:	Oui. J'ai la confirmation et vos billets sont OK. Mais il faut vous dépêcher.
Aubin:	D'accord. Nous prenons un taxi. Merci, Mademoiselle. Tiens, voilà un taxi. Taxi!
Nicole:	Tu veux passer à l'hôtel d'abord, pour les bagages?
Aubin:	Non, la police nous attend peut-être à la réception et puis nous n'avons pas le temps.
Aubin:	A l'aéroport, s'il vous plaît, et en vitesse!
Nicole:	Hé! Nous avons perdu le chien.
Chauffeur:	Ah non, Madame, je ne prends pas de chiens dans mon taxi.
Nicole:	Oh, comme c'est dommage. C'était un si charmant toutou.

QUESTIONNAIRE

1. Pourquoi Vialat défend-il ses complices?
2. Quand l'officier des douanes a-t-il ouvert les caisses de Vialat?
3. Qui la police recherche-t-elle?
4. Est-ce que Nicole et Aubin ont laissé le chien sur la plage?
5. Prennent-ils un taxi pour aller en ville?
6. Que vont-ils faire en ville?
7. Dans quel quartier arrivent-ils?
8. Si Nicole avait sa valise, qu'est-ce qu'elle ferait?
9. Nicole et Aubin entrent dans une agence de voyage. Le chien n'aboie plus; qu'est-ce qu'il fait?
10. Y a-t-il toujours de la place dans un avion le jour du départ?

19 Le vol 852

L'aéroport de Merida. Dans le hall d'entrée, derrière les comptoirs d'enregistrement pour les passagers et leurs bagages, il y a les bureaux des compagnies aériennes et, parmi celles-ci, la Trans Air.

Le Policier et l'officier des douanes ont emmené Vialat dans le bureau de la Trans Air. Ils sont assis. Ils attendent.

Vialat:	Mon épaule me fait mal . . .
Policier:	Un peu de patience. Vous allez rentrer à votre hôtel dans quelques minutes.
Haut-parleur:	Trans Air invite les passagers de son vol 852 à destination de Paris à se présenter à l'enregistrement.
Policier:	Vous avez entendu? C'était probablement la dernière annonce. Vous êtes sûr qu'ils ne sont pas encore arrivés?
Vialat:	Oui.
Officier:	Ils sont sur la liste des passagers, oui ou non?
Policier:	Non, tout à l'heure ils n'étaient pas sur la liste, mais je pense qu'ils vont prendre ce vol et je veux absolument les voir.
Officier:	Vous avez demandé s'ils ont téléphoné ce matin?
Policier:	Oui, j'ai demandé tout à l'heure, mais . . . Tiens, voilà une hôtesse; elle était à l'enregistrement; je vais le lui demander. Mademoiselle, s'il vous plaît.
Hôtesse:	Oui?
Policier:	Vous avez eu de nouvelles réservations ce matin?
Hôtesse:	Oui, deux. Un monsieur et une dame. Ils viennent de réserver.
Policier:	Pour Paris?
Hôtesse:	Oui. Tenez; voici la liste; mais ils ne se sont pas présentés, enfin pas encore.
Policier:	Très bien; merci. Vous voyez, j'avais raison. Ils vont sûrement arriver.
Vialat:	Alors je peux rentrer à l'hôtel.
Policier:	Non, vous allez attendre, j'ai besoin de vous. Je veux être certain que c'est bien eux et vous allez me les montrer. Dites-moi, Mademoiselle, vous fermez le vol à quelle heure?

Hôtesse:	Vous savez, s'ils n'arrivent pas tout de suite . . . Nous ne pouvons pas attendre beaucoup plus longtemps.
Policier:	Combien de temps encore?
Hôtesse:	Deux minutes grand maximum.

Pendant ce temps le taxi d'Aubin et de Nicole roule encore sur la route qui mène à l'aéroport.

Aubin:	Vous ne pouvez pas rouler plus vite? Nous allons être en retard.
Chauffeur:	Ah, Monsieur, que voulez-vous? Mon taxi il roule comme il roule; il ne peut pas aller plus vite. Et puis l'avion est toujours en retard, enfin pas toujours mais souvent. Moi, je n'ai jamais pris l'avion. Le cousin de mon beau-frère, lui, il le prend souvent. Il est dans l'équipe nationale de football, alors il va partout. Et puis il est riche, hein. Mais moi, vous savez, faire le taxi, j'aime ça. Je l'aime bien mon taxi. J'aime mieux faire le taxi que . . . Par exemple, mon beau-frère, il est dans la police.
Aubin:	Ah oui?
Chauffeur:	Eh bien moi, j'aime mieux faire le taxi. Je rencontre des gens, des gens bien quoi. Mais lui alors! Vous comprenez, il est détective. Alors, les voleurs, les assassins . . . Tenez, la semaine dernière, il était sur une affaire terrible.
Nicole:	Vous ne pouvez pas rouler un peu plus vite?
Chauffeur:	Il m'a tout raconté. Trois morts, du sang partout. Un fou qui avait tué sa femme et ses deux enfants, avec un couteau. Et alors mon beau-frère a retrouvé l'assassin, mais si vous aviez vu ça! Mon beau-frère, il n'était plus jamais à la maison, il était tout le temps dehors, pas une minute à lui. Et puis après ça, il touche trois jours de congé; il était chez lui depuis deux heures et son chef l'appelle. Une nouvelle affaire. Je ne sais pas ce que c'est que cette affaire, mais il est occupé avec ça, vous savez. Hier, par exemple, il n'a pas déjeuné et pas dîné à la maison; il était dehors depuis le matin. Il a passé toute la journée dans les rues pour chercher un homme. J'ai vu ma sœur ce matin et elle m'a dit: ''Jesus n'est pas rentré, il a passé toute la nuit dehors!'' Alors ma sœur, vous comprenez, elle n'est pas contente, elle ne le voit jamais.
Aubin:	Ils ont des enfants?
Chauffeur:	Six. Voilà l'aéroport. Alors, vous voyez bien, j'avais raison, non? C'est juste, mais vous n'êtes pas en retard.

Aubin:	C'est très bien. Je vous remercie beaucoup.
Chauffeur:	Je vous l'avais bien dit. Et puis je fais mon métier, moi.

Le taxi s'arrête. Aubin paie le chauffeur.

	Oh mais non, Monsieur, c'est trop. Vous me donnez trop.
Aubin:	Mais non, gardez la monnaie.
Nicole:	Tenez, prenez aussi ces billets. Nous partons, nous n'avons plus besoin de pesos.
Chauffeur:	Mais si vous revenez un jour? Ecoutez, si vous revenez, je vous prends dans mon taxi et je vous montre toute la ville, pour rien, et . . . je vous emmène aux pyramides.
Nicole:	C'est très gentil, mais . . . Viens, Jacques.

Aubin et Nicole descendent du taxi et courent vers le hall de départ de l'aéroport. Le chauffeur les appelle.

Chauffeur:	Je m'appelle Onesimo, Onesimo Vargas. Taxi numéro 38. N'oubliez pas!

Mais Aubin et Nicole sont déjà dans le hall et ne l'entendent pas.

Chauffeur:	Tiens! la voiture de mon beau-frère.

Aubin et Nicole se présentent à l'enregistrement.

Hôtesse:	Vous êtes pour le vol 852 pour Paris?
Aubin:	Oui.
Hôtesse:	Alors dépêchez-vous. Vos billets s'il vous plaît.
Nicole:	(*à Aubin*) Je crois que maintenant la chance est de notre côté.
Aubin:	Je l'espère. En tout cas le chien ne nous a pas suivis, c'est déjà ça.
Hôtesse:	Vous n'avez pas de bagages?
Aubin:	Non.
Hôtesse:	Rien du tout?
Aubin:	Non.
Nicole:	C'est à dire . . . nous avions deux valises, mais nous les avons perdues.
Hôtesse:	C'est plus simple et c'est plus rapide. Vos passeports, s'il vous plaît.
Aubin:	Nos passeports?
Hôtesse:	Je dois voir vos passeports avant de vous faire vos fiches d'embarquement.
Aubin:	Eh bien, les voilà.

Hôtesse:	Merci. Une petite seconde, je vous prie. Je reviens tout de suite.
Nicole:	Qu'est-ce qu'elle fait? D'abord elle nous demande nos passeports et puis maintenant . . .
Aubin:	C'est normal, je crois. Pour certains vols il faut montrer son passeport. Tout est en ordre. Après ceci nous passons aux services d'immigration et puis . . . Paris!
Hôtesse:	Excusez-moi. Nous avions terminé l'enregistrement et je n'avais plus de fiches comme ceci. Je les tape à la machine et vous pouvez les présenter à l'immigration.

Elle tape leurs fiches à la machine.

Pendant ce temps, derrière le comptoir, dans le bureau de la Trans Air . . .

Policier:	Alors c'est donc eux?
Vialat:	Mais oui. Elle c'est Nicole Tourneur et lui c'est Jacques Aubin.
Policier:	Parfait. Maintenant, je les ai vus et je suis sûr qu'ils quittent le pays; tout va bien.
Vialat:	Qu'est-ce que vous allez faire maintenant?
Policier:	Ça c'est mon affaire. Vous, vous allez rentrer en ville. Un de mes hommes va vous ramener. Il va vous conduire à votre hôtel.
Vialat:	Mais . . .
Policier:	Je vous l'avais dit: si vous m'aidez, je vous aide. Alors voilà: vous rentrez à votre hôtel et vous restez dans votre chambre. Et n'essayez pas de filer. De toute façon j'ai un homme pour vous surveiller.
Vialat:	Mais qu'est-ce que je peux faire à l'hôtel, sans sortir?
Policier:	Vous reposer. Et m'attendre. Allez, au revoir. Je dois partir maintenant, mais dans deux jours je reviens vous voir et si tout va bien, vous êtes libre. Alors, c'est compris? Pas de bêtises n'est-ce pas, Monsieur Vialat?

Au comptoir d'enregistrement l'hôtesse a terminé. Elle rend à Aubin et Nicole leurs billets et leurs passeports.

Hôtesse:	Voilà. Et maintenant, il faut vous dépêcher. Vous allez avec votre passeport aux services d'immigration.
Nicole:	C'est par où?
Hôtesse:	La deuxième salle à votre gauche. Salle B. Bon voyage!

Aubin prend Nicole par la main et ils courent aux services d'im-migration. Ils présentent leurs passeports. C'est le dernier ob-stacle. Si personne ne les arrête maintenant, ils peuvent prendre l'avion, quitter le pays, rentrer en France; ils sont libres. Un fonctionnaire examine leurs passeports, les referme et les leur rend.

Fonctionnaire: Voilà, tout est en ordre.

Aubin: Merci. Viens.

Fonctionnaire: Oh, . . . Monsieur, Madame, s'il vous plaît, excusez-moi.

Nicole: Oui, qu'est-ce qu'il y a?

Fonctionnaire: Voulez-vous revenir, s'il vous plaît?

Nicole: Qu'est-ce qui ne va pas?

Aubin: Nous ne sommes pas en règle?

Fonctionnaire: Vous n'avez pas signé votre fiche d'embarquement. Je ne l'avais pas remarqué.

Nicole: Excusez-nous, nous n'avions pas fait attention.

Aubin: Nous étions en retard et . . .

Fonctionnaire: Ce n'est pas grave. Vous signez là . . . et là. Merci et bon voyage.

Aubin et Nicole rejoignent les autres passagers dans la salle d'attente.

Aubin: Eh bien tu vois? Notre avion, nous allons le prendre. Maintenant personne ne peut nous arrêter. Le dernier obstacle, c'était l'im-migration.

Nicole: J'ai eu peur quand il nous a rappelés. Mais tu as raison, mainte-nant nous pouvons être tranquilles.

Aubin: Et tu vois? Même le chien nous a laissé tranquilles. Viens, allons au bar. Nous allons célébrer ça.

Nicole: Oui, je veux bien.

Hôtesse: Votre attention, s'il vous plaît. Les passagers pour le vol Trans Air 852 à destination de Paris, par ici s'il vous plaît.

Aubin: Tant pis, je t'offre un verre plus tard, à bord de l'avion.

Ils suivent l'hôtesse et les autres passagers et embarquent. Ils prennent place dans l'avion et attachent leurs ceintures. Bientôt l'avion décolle et prend de l'altitude. Ils sont en route pour Paris!

Aubin: Tu as bien dit à François de nous attendre à l'aéroport?

Nicole:	Oui, je lui ai dit.
Aubin:	Parfait. Eh bien, tu vois? Mission accomplie. Maintenant je t'offre un verre. Tiens, voilà une hôtesse. Mademoiselle, s'il vous plaît . . .
Hôtesse:	Oui, Monsieur?
Aubin:	Vous pouvez nous servir quelque chose?
Hôtesse:	Comment? A boire?
Aubin:	Oui.
Hôtesse:	Mais oui, Monsieur. Qu'est-ce que vous désirez?
Aubin:	Vous avez du champagne?
Hôtesse:	Bien sûr. Pour deux?
Aubin:	Nicole?
Nicole:	C'est ma boisson favorite.
Hôtesse:	Très bien. Je vous apporte ça tout de suite.
Aubin:	Tu es heureuse maintenant?
Nicole:	Oui, Jacques, très. Tu as été très gentil avec moi. Dans la prison, et puis à Merida, et puis . . .
Aubin:	Sur la plage?
Nicole:	Oui.
Aubin:	Toi aussi tu as été gentille. Tu te rends compte? Nous sommes en route pour Paris! Nous allons boire notre champagne et puis, moi, je vais me raser.
Nicole:	Ton menton est comme une brosse.
Aubin:	Eh bien, je vais aller me raser et après je t'embrasse! Et après je dors jusqu'à Paris. N'oublie pas de me réveiller à Paris.
Nicole:	Entendu. Mais tu peux m'embrasser maintenant, si tu veux.
Hôtesse:	Excusez-moi. Voici votre champagne.
Nicole:	Que c'est beau le champagne dans un verre . . .
Aubin:	C'est encore meilleur dans la bouche. Buvons.
Nicole:	Je bois à toi, Jacques.
Aubin:	A moi. A toi. A nous, Nicole; à nous. Chin, chin! Et puis il ne faut pas oublier ces trois jolies petites caisses, ces trois petites caisses chéries qui sont dans l'avion, dans NOTRE avion!
Nicole:	Et je bois aussi à . . . à notre petit ami à quatre pattes.
Aubin:	Ah! ce charmant compagnon, ce délicieux toutou. Mais je bois d'abord à toi, Nicole, et à . . . tiens! ça c'est bizarre. Il y a un steward, là en première classe . . . Je suis sûr que je le connais. J'ai déjà vu sa tête quelque part . . .

QUESTIONNAIRE

1. Où se présentent les passagers avant le départ d'un avion?
2. Pourquoi le policier a-t-il besoin de Vialat?
3. Est-ce que les chauffeurs de taxi sont toujours bavards?
4. Le travail des policiers est-il très régulier?
5. Où le chauffeur va-t-il emmener Jacques s'il revient un jour?
6. Après avoir vu les passeports, que fait l'hôtesse?
7. L'enregistrement, est-ce la dernière chose à faire avant de monter dans l'avion?
8. Où Aubin et Nicole vont-ils rejoindre les passagers?
9. Qu'est-ce que Jacques offre à Nicole?
10. Y a-t-il quelque chose de bizarre en première classe?

20 Tout le monde se retrouve

A bord de l'avion de la Trans Air, vol 852.

Hôtesse: Mesdames Messieurs, nous venons d'atterrir à Roissy en France, aéroport de Paris. Il est huit heures vingt-quatre, heure locale, et la température au sol est de douze degrés.

Nicole: Douze degrés, tu entends? Il ne fait pas chaud à Paris.

Aubin: Peut-être, mais moi je suis bien content d'être ici.

Hôtesse: Nous vous prions de rester assis et de bien vouloir garder vos ceintures attachées jusqu'à l'arrêt complet de l'appareil. Nous espérons que vous avez fait un agréable voyage. Le commandant et son équipage vous souhaitent un bon séjour à Paris et espèrent vous revoir bientôt sur nos lignes. Nous vous rappelons qu'un autocar à destination de Paris est à votre disposition devant l'aérogare. Avant de quitter l'appareil, veuillez vous assurer que vous n'oubliez rien à bord. Au revoir et merci.

Nicole: Je crois que nous ne pouvons rien oublier à bord, nous n'avons rien.

Aubin: Sauf nos petits souvenirs . . .

Nicole: Dans nos trois jolies caisses.

Aubin: Dis-moi, toi qui es experte, il était bon le pilote?

Nicole: Meilleur que moi!

Aubin: Mais tu es sûrement plus belle.

Nicole: Et puis cette fois nous n'allons pas finir à San Jeronimo, en prison, avec le Sergent Hernández.

Aubin: Fini les haricots noirs et les parties de cartes.

Nicole: Maintenant c'est la belle vie. Je suis sûre que François va nous donner une bonne commission.

Aubin: Je l'espère bien, après tout ce que nous avons fait pour lui.

Hôtesse: Mesdames, Messieurs, nous vous invitons à sortir par la porte avant de l'appareil.

Aubin: Maintenant nous sommes chez nous, pas de problème. Pas de bagages à attendre et à déclarer, c'est facile.

Nicole: Tu oublies les caisses.

Aubin: Je ne vois pas François. Est-ce qu'il peut nous attendre ici, avant la douane?

Nicole:	Je crois que oui. En tout cas, je le lui ai demandé.
Aubin:	Hier, au téléphone?
Nicole:	Tiens, le voilà! Il est là-bas, il nous cherche.

Ils l'appellent. François Rongier les aperçoit et court vers eux.

François:	Ah! vous êtes là. Alors ça c'est bien passé? J'étais si inquiet. Tenez, je vous embrasse. Toi d'abord, Nicole . . . Et, où étiez-vous? Je vous cherche depuis cinq minutes.
Nicole:	Nous arrivons à l'instant.
François:	Vous n'êtes pas trop fatigués?
Aubin:	Nous avons dormi dans l'avion.
François:	Et alors? Tu m'a parlé de caisses hier au téléphone; où sont-elles?
Nicole:	Elles sont dans l'avion. Elles vont arriver d'une minute à l'autre avec les bagages.
Aubin:	Et voici la licence officielle des douanes mexicaines.
François:	Extraordinaire. "Articles d'artisanat"! Et une autorisation à mon nom pour les retirer. Mais c'est génial!
Aubin:	C'était l'idée de Vialat, enfin presque. Il avait bien préparé son coup, mais quel salopard!
François:	Nicole m'a dit que vous aviez eu des ennuis avec lui?
Aubin:	Et comment!
François:	Et dans les caisses qu'est-ce qu'il y a?
Aubin:	Des quantités de choses, des masques, des figurines, des vases.
Nicole:	Je crois que nous rapportons une fortune. Vialat a pris quelques objets pour lui, mais à part ça . . .
François:	Ah? Parce que Monsieur le Professeur a volé quelques objets?
Aubin:	Il avait tout pris pour lui. Il nous avait pris les caisses.
François:	Voilà les premières valises qui arrivent. Vous voyez les vôtres?
Aubin:	Nos valises? Elles sont de l'autre côté de l'Atlantique. Nous les avons laissées à l'hôtel parce que nous étions suivis par la police, et puis nous avons passé la nuit sur la plage et nous avons pris l'avion au dernier moment.
Nicole:	Tu sais, nous avons bien cru que c'était fichu.
François:	Mais qu'est-ce qui s'est passé?
Nicole:	Eh bien, tout marchait admirablement. Nous avions un peu de retard, mais nous avions trois caisses pleines. Elles étaient dans l'avion et nous sommes partis des pyramides pour Kalahun.
Aubin:	Et Vialat, lui, est parti en jeep pour Merida.
François:	Oui, c'était notre plan. Et alors?

Nicole:	Eh bien, après dix minutes, le moteur de l'avion a eu des ratés et puis il a calé.
Aubin:	Nicole a fait un atterrisage fantastique dans un champ.
Nicole:	J'ai tout cassé, oui.
Aubin:	Sauf les caisses.
Nicole:	Heureusement nous n'étions pas blessés. Alors nous avons quitté l'avion et nous avons cherché un village pour te téléphoner et te dire que nous avions beaucoup de choses, mais que nous avions aussi du retard.
Aubin:	Et c'est alors que nous avons été arrêtés.
François:	Arrêtés!
Nicole:	Par trois soldats. Un sergent et deux hommes.
Aubin:	Nous avions traversé la frontière. Nous avons fait deux ou trois jours de prison. Nicole, c'était deux ou trois jours?
Nicole:	Je ne sais plus; tu sais, en prison, le temps . . .
François:	Mes pauvres amis . . . ! Je vais vous donner une bonne commission. Et Vialat dans tout ça?
Nicole:	Eh bien, il était en route pour Merida. Il a certainement vu l'avion, il a pensé que nous avions eu un accident. Alors il a retrouvé l'avion. C'est ce qu'il nous a dit. Il dit qu'il nous a cherchés, mais nous étions déjà partis.
Aubin:	Alors il a pris les caisses, tout simplement, et il est parti pour Merida avec les caisses.
François:	Et c'est de là qu'il les a offertes à Casenave . . . Mais c'est NOUS qui les avons maintenant! Regarde, les voilà qui arrivent; c'est bien ça, non?
Aubin:	Oui, je les reconnais; ce sont nos trois caisses.
François:	Porteur! Prenez ces trois caisses, s'il vous plaît, et allons à la douane.
Nicole:	Qu'est-ce que tu vas déclarer?
François:	En principe, je ne dois rien payer là-dessus. Ce sont des antiquités. Le vrai problème était avec les douanes là-bas, pour la sortie; mais maintenant, ici, en principe, tout est légal. Venez, nous allons passer les douanes et je vous promets qu'après ça nous allons boire une bonne bouteille de champagne et faire un bon petit dîner.

Ils passent les douanes. Tout se passe bien. François Rongier doit seulement signer un reçu, une décharge.

	Et maintenant la vie est belle. Par ici, porteur.
Nicole:	Jacques! Regarde.
Aubin:	Quoi?
Nicole:	Là, à la sortie. Le chauffeur de la voiture de police de Merida. C'est lui, j'en suis sûre.
Aubin:	C'est lui que j'ai vu à bord de l'avion; le steward qui était en première classe.
François:	Qu'est-ce qui se passe?
Aubin:	La police. La police nous a suivis jusqu'ici. Le type en uniforme de steward de la Trans Air, c'est un policier mexicain.
François:	Tu es certain?
Nicole:	Oui, je le reconnais.
François:	Mais il n'a pas le droit . . .
Aubin:	Tu vois les deux civils avec lui? Je crois que ce sont des policiers français.

En effet le policier mexicain s'avance vers eux avec deux hommes en civil.

Interpol:	Monsieur Rongier? Interpol.
François:	Mais qu'est-ce qu'il y a? Qu'est-ce que vous me voulez?
Interpol:	Je vous demande si vous êtes Monsieur Rongier, Monsieur François Rongier.
François:	Euh . . . oui, c'est moi. Pourquoi?
Interpol:	Veuillez nous suivre s'il vous plaît.
François:	Vous m'arrêtez ou quoi? Et de quel droit?
Interpol:	Vous allez le savoir bientôt.
François:	Et qui est ce . . . ce steward?
Policier:	Je m'excuse pour cet uniforme, Monsieur, mais je suis de la police mexicaine et Interpol travaille en collaboration avec moi.
François:	Vous n'avez aucun droit sur moi.
Interpol:	Si, Monsieur. J'ai un mandat contre vous. Le voici. Vous êtes accusé de vol et d'exportation illégale d'objets d'art d'intérêt national.
François:	Et eux?
Policier:	Qui? Mademoiselle Tourneur et Monsieur Aubin? Nous n'avons rien contre eux, enfin pas pour le moment. Ils sont libres. Et puis c'est vous l'homme qui nous intéresse. C'est pourquoi nous avons laissé les caisses voyager jusqu'à vous. Pour être tout à fait

sûrs . . . Pour vous rencontrer, Monsieur. Et puis j'avoue que j'avais toujours rêvé de visiter votre belle ville, et vos musées . . .

Interpol: Venez maintenant; suivez-nous.

Le porteur a assisté à toute cette scène avec des yeux grands comme des soucoupes.

Porteur: Mais, et moi alors? Et les caisses?

Interpol: Vous pouvez les laisser à la douane.

François: Une seconde, porteur . . .

Interpol: Allons, Monsieur, venez!

François: Vous permettez? Je veux payer le porteur.

François Rongier s'approche du porteur et veut lui donner un billet.

Interpol: Non! Par ici. Suivez-nous.

Les policiers escortent François Rongier. Aubin et Nicole restent là, seuls, sans bagages, sans rien.

Aubin: Tu as vu ça? François a essayé de donner 100 francs au porteur.

Nicole: Cent francs?

Aubin: Probablement pour lui demander de ne pas mettre les caisses à la douane.

Nicole: Et de nous les donner à nous? Sacré François! Toujours le même . . .

Aubin: Quand je pense à ces caisses et à cette fortune . . .

Nicole: Oublie les caisses et viens. Viens, Jacques, nous allons aller chez moi.

Aubin: Ah oui, c'est vrai, en prison tu m'avais promis un petit dîner chez toi.

Ils quittent l'aéroport et prennent un taxi. Ils entrent dans Paris et bientôt ils sont chez Nicole.

Aubin: Dis donc, c'est joli chez toi.

Nicole: Ça te plaît?

Aubin: Beaucoup. Tu as de la chance d'avoir un appartement comme ça. Tu as une vue magnifique. Mais je préfère te regarder, toi.

Nicole: Tu es gentil.

Aubin: Mais je ne peux pas oublier ces caisses.

Nicole:	Il faut oublier tout ça. Et il faut célébrer.
Aubin:	Moi je veux bien, mais quoi?
Nicole:	D'abord notre liberté. Je n'ai pas de champagne, mais il y a du whisky.
Aubin:	D'accord. Je mets un disque, tu veux? C'est vrai que nous sommes libres. Le policier a dit qu'il n'avait rien contre nous.
Nicole:	Bien sûr que non; nous n'avions pas les caisses, ni à Paris, ni là-bas.
Aubin:	Tu te souviens? Vialat nous a dit que François l'avait volé.
Nicole:	Oui, je me souviens. Tu sais, François fait des choses parfois . . .
Aubin:	Eh bien, je suis sûr que Vialat a donné son nom à la police pour se venger, et pour se sauver.
Nicole:	C'est certain, il n'aimait pas François. Il le détestait.
Aubin:	Et toi?
Nicole:	Moi?
Aubin:	François, tu l'aimes encore?
Nicole:	Tu es fou!
Aubin:	J'aime mieux ça. Eh bien je bois à . . . notre beau voyage.
Nicole:	A notre beau voyage!
Aubin:	Ce n'était pas mal finalement, ce voyage. Et puis moi, je n'étais jamais allé au Mexique et . . . pas même en prison.
Nicole:	Tu sais ce que tu dois dire maintenant?
Aubin:	Non.
Nicole:	"Et avant nous étions à Paris sans nous connaître et maintenant nous nous connaissons . . ."
Aubin:	Tu veux boire à ça? Je préfère poser mon verre sur cette table . . . Pose ton verre sur la table. Te prendre dans mes bras . . . et t'embrasser.

Aussitôt dit, aussitôt fait . . . et pour longtemps.

Leurs verres restent pleins et la musique tourne, tourne . . . tourne.

QUESTIONNAIRE

1. Dans quelle profession Nicole est-elle experte?
2. Qu'est-ce qu'une commission?
3. Qui attend Nicole et Aubin à la douane?
4. Où sont les valises de Nicole et Aubin?
5. En France, est-ce qu'on doit payer des droits d'entrée sur des antiquités?
6. Qui a suivi Nicole et Aubin jusqu'à Paris?
7. De quelle nationalité est l'organisation Interpol?
8. Que va faire le policier mexicain à Paris?
9. Pourquoi Vialat a-t-il donné le nom de Rongier à la police?
10. A quoi Nicole et Aubin boivent-ils?

VOCABULARY

Abbreviations: (m) = masculine
                (f) = feminine
                (pl) = plural

Adjectives: The feminine of an adjective is usually formed by adding *e* to the masculine. Exceptions are shown in brackets.

Nouns: Irregular plurals of nouns are shown in brackets.

Verbs: Past participles not following the pattern *parler-parlé* or *finir-fini* are shown in brackets. Those verbs marked with an asterisk* use *être* as the auxiliary verb in the *passé composé*.

A

à to, at, in
  à cause de because of
  à moi mine
  à nous ours
  à toi yours
  à travers through
a *from* avoir
  il y a there is, there are
abandonné abandoned
abandonner to give up
d'abord first
aboyer to bark
absurde absurd
accélérer to accelerate
accepter to accept
l'accident (m) accident
accidentellement accidentally
accomplie accomplished, *from* accomplir
l'accord (m) agreement
d'accord! OK! agreed!
  être d'accord to agree
accrocher to hook up
accrocher quelqu'un dans la rue to buttonhole
  someone in the street
accuser to accuse
acheter (à) to buy (from)
l'action (f) share (of stock)
actuellement presently
admirablement great
adorable lovely

adorer to adore, to love
l'adresse (f) address
*s'adresser à to talk to
aérien (-ienne) airlike
  ligne aérienne airline
l'aérogare (f) airport terminal
l'aéroport (m) airport
l'affaire (f) business, deal, affair
les affaires (f) business
l'Afrique (f) Africa
l'âge (m) age
l'agence (f) agency
agité nervous
Ah! Ah!
ai *from* avoir
l'aide (m *ou* f) aid
aider to help
ailleurs elsewhere
aimable kind, nice, charming
aimer to like, to love
  bien aimer to be fond of
l'air (m) air
  avoir l'air de to look like
  le grand air open air
*aller to go
aller + *infinitif (futur proche)* to be going to
  (near future)
allez *from* aller
  allez-y! go ahead!
allô hello *(au téléphone)*

allons *from* aller
    allons! let's go!
    allons, allons! come, come!
allumer to light
alors then
    et alors? so what?
    ça alors! well now!
l'altitude (f) altitude
l'amateur (m) amateur
l'ambulance (f) ambulance
amer (amère) bitter
l'Amérique Centrale (f) Central America
l'ami (m) friend
    la petite amie girl friend
amoureux (-euse) in love
l'amour (m) love
les amoureux (m) lovers
amusant amusing
l'an (m) year
ancien (-ienne) ancient, antique, former
l'ange (m) angel
l'Anglais (m) Englishman
l'angle (m) angle, corner
l'Angleterre (f) England
l'annonce (f) announcement
annoncer to announce
l'annuaire (m) directory, yearbook
l'antiquaire (m) antique dealer
l'antiquité (f) antique
anxieux (-euse) anxious
l'aparté (m) aside
apercevoir (aperçu) to see, to catch sight of
aperçoivent *from* apercevoir
l'apéritif (m) drink (*before meal*)
l'appareil (m) device, machine, phone
    à l'appareil on the phone, "speaking"
l'appartement (m) apartment
l'appel (m) call
appeler to call
apporter to bring
apprécier to appreciate
*s'approcher to come near
l'approvisionnement (m) supplies
après after
après-demain the day after tomorrow
l'après-midi (m *ou* f) afternoon
l'arbre (m) tree
l'archéologie (f) archeology
l'archéologue (m) archeologist
l'argent (m) money, silver
aride arid
l'armée (f) army
l'armoire (f) wardrobe closet

arranger to arrange
l'arrêt (m) stop
arrêter to stop, to arrest
*s'arrêter to stop
l'arrière (m) rear
    en arrière backwards
arriver to arrive
l'arrondissement (administrative) zone, ward
l'art (m) art
l'article (m) article, item
l'artisan (m) craftsman
l'artisanat (m) handicrafts
as *from* avoir
l'as (m) ace
l'assassin (m) murderer
assez enough
*s'asseoir to sit up/down
s'assied *from* s'asseoir
l'assiette (f) plate
assis sitting down, *from* s'asseoir
assister à to be present at
assurer to assure
*s'assurer to make sure
l'Atlantique (m) Atlantic Ocean
l'atmosphère (f) atmosphere
attend *from* attendre
attendent *from* attendre
attendez! wait! *from* attendre
attendons *from* attendre
attendre (attendu) to wait
attends! wait! *from* attendre
l'attente (f) wait
attention! watch out!
l'attention (f) attention
    faire attention to pay attention, to watch
    out
attentivement carefully
atterrir to land
l'atterrissage (m) landing
attirer to attract
attraper to catch
au at the, to the
au-dessus de above
au revoir goodbye
aucun no, any
aujourd'hui today
aussi also
aussitôt immediately, at once
authentique authentic
l'auto (f) car
l'auto-stop (m) hitchhiking
l'autobus (m) bus
l'autocar (m) bus

automatique automatic
l'autorisation (f) authorization
l'autorité (f) authority
autour de around
autre other
autrement otherwise
l'avance (f) advance (payment)
avancer to go on
avant before, forward
l'avantage (m) advantage
avec with
l'aventure (f) adventure
l'aventurière (f) adventuress
avertir to warn
l'avion (m) airplane
    par avion air mail
avions had, *from* avoir
l'avis (m) advice
    à mon avis in my opinion
avoir (eu) to have
avouer to admit
avril April

B

les bagages (m) luggage
le bain bath
le baiser kiss
  baisser to go down
la balle bullet
la bande gang
la banque bank
la banqueroute bankruptcy
le bar bar
  bas (basse) low
le bas bottom
le bateau boat
le bâtiment building
  battre to shuffle (*cards*)
*se battre to fight
  bavard talkative
  beau (bel, belle) beautiful, good looking
le beau-frère brother-in-law
  beaucoup (de) much, many, a lot
la belle vie the good life
le besoin need
    avoir besoin de to need
  bête silly
la bête animal
    sale bête! dirty dog!
la bêtise silly thing
  boire (bu) to drink

  bien well, fine
    je l'espère bien I certainly hope so
    je veux bien I don't mind
le bien good
  bientôt soon
    à bientôt! see you soon!
la bière beer
le billet ticket
le billet de banque bank-note
le bistrot pub
  bizarre strange
la blague joke
  blanc (blanche) white
  blesser to wound
  bleu blue
le bluff bluff
  bois *from* boire
le bois wood
le Bois de Boulogne *woods on the outskirts of Paris*
la boisson beverage
la boîte box
la boîte de conserve (tin) can
  bon (bonne) good, fine
le bonhomme fellow
  bonjour good morning, hello
  bonsoir good evening
le bord edge
    à bord aboard
la bouche mouth
  bouger to move
le boulevard boulevard
la Bourse the Stock Exchange
le bout end
    un petit bout a little piece
la bouteille bottle
la boutique shop
le bras arm
  bravo! well done!
la brosse brush
le bruit noise
  brun brown
  brutal brutal
le bureau office, desk
le but goal
  buvons! let's drink! *from* boire

C

  c' *see* ce
  ça (*contraction de* cela) that
    ça alors! well now!

ça va it's all right, I'm all right
ça va + *infinitif* it's going to . . . .
ça y est that's it
la cabine booth
cacher to hide
le café coffee, cafe, coffeehouse
la caisse crate, wooden box
caler to stall
calme calm
calmement calmly
le camion truck
le canard duck
le capitaine captain
le capital capital
le caporal corporal
le carrefour intersection
la carte card, calling card, map
la carte postale post card
le carton cardboard box
le cas case
    en tout cas in any case
casser to break
la catastrophe catastrophe
catastrophique catastrophic
catégorique definite
la cathédrale cathedral
la cause cause, reason
    à cause de because of
ce, c' it, this, that
    c'est this is, it is
    c'est ça! that's it!
    c'est bien ça! that's it exactly!
    c'est comme ça that's the way it is
ceci this
la ceinture belt
cela that
célèbre famous
célébrer to celebrate
celle that
celle-ci this one
la cellule cell
celui-ci this one
cent (one) hundred
la centaine hundred
le centre center
certain certain
certainement certainly
ces these, those
cet this
cette this, that
ceux-ci these
ceux-là those
chacun each

la chaise chair
la chambre room
le champ field
le champagne *sparkling wine from the Champagne area*
la chance luck, chance
changer to change
la chanson song
le chanteur singer
le chargement load, loading
charger to load
le chef chief
charmant charming
le charme charm
chaud warm
chauffer to heat up
le chauffeur driver
le chemin way, path
le chemin de fer railroad
la chemise shirt
le chèque check
cher (chère) dear, expensive
    payer cher to pay a lot
chercher to look for, to fetch
chéri darling
les cheveux (m) hair
la chèvre goat
chez at, to (someone's place)
    chez eux at their house
    chez lui at his house, at home
    chez moi at my house, at home
    chez nous/vous at home
chic smart, elegant
le chien dog
le chiffre number
le choix choice
la chose thing
chut! hush!
le ciel sky
le cigare cigar
le cinéma movie theater
cinq five
cinquante fifty
cinquième fifth
la circulation traffic
le citoyen citizen
le civil civilian
la civilisation civilization
clair light (*colored*), clear
la classe class
la clé key
le client client, customer
la clientèle clients, clientele

le cochon pig
le coéquipier teammate
le coiffeur hairdresser, barber
le coin corner
la collaboration collaboration
la collection collection
la colline hill
combien how much
la comédie comedy
le commandant captain (*of a plane*)
la commande control
comme like, as
c'est comme ça that's the way it is
commencer to start, to begin
comment how
comment? how is that?
comment ça va? how are you doing?
comment allez-vous? how are you?
comment vas-tu? how are you?
le commentaire comment
la commode dresser
la communication communication
la compagnie company
le compagnon companion
complètement completely
le complice accomplice
comprendre (compris) to understand
comprends *from* comprendre
comprenez *from* comprendre
compris? got it? *from* comprendre
le compte account
le compte en banque bank account
compter to count
faire ses comptes to settle one's accounts
le comptoir counter
la condition condition
conduire (conduit) to drive, to lead
la confiance confidence
avoir confiance to trust
confidentiel (-elle) confidential
confortable comfortable
connais *from* connaître
la connaissance consciousness, knowledge
perdre connaissance to faint
connaît *from* connaître
connaître (connu) to know
connaissons *from* connaître
le consulat consulate
consulter to consult
le contact contact
content glad
le contenu contents
le contraire opposite

le contrat contract
contre against
continuer to go on
contourner to go around
contraire opposed
la contrebande contraband
la conversation conversation
le correspondant correspondent
la corruption corruption
le costume suit
le côté side
à côté de next to
de l'autre côté on the other side
coucher to lie down
le coucou (*argot*) crate (*airplane*)
le coup blow, trick, coup
coup de révolver shot
coup de téléphone telephone call
couper to cut
courageux (-euse) brave
courent *from* courir
courir (couru) to run
court *from* courir
la courtoisie courtesy
le cousin cousin
le couteau knife
coûter to cost
coûter cher to cost a lot
la cravate necktie
le crayon pencil
creuser to dig
crevé exhausted
crever to burst
le cri cry
pousser un cri to utter a cry
crier to shout
le crime crime
critiquer to criticize
croire (cru) to believe
crois *from* croire
croyable credible
cru *from* croire
la cuisine kitchen, cooking
faire la cuisine to cook
curieux (-euse) curious

D

d' *see* de
la dame queen, lady
le danger danger
dangereux (-euse) dangerous

dans in

la date date

de, d' of, by, about, from, in, for

de la some, of the

de nouveau again

debout standing

la décharge release

décharger to unload

décider to decide, to make up one's mind

la décision decision

la déclaration declaration

déclarer to declare

le décollage take-off

décoller to take off

découvert *from* découvrir

découvrir (découvert) to discover

décrocher to pick up the phone

dedans inside

    là-dedans in there

défendre (défendu) to forbid

défends *from* défendre

Défense de parler! No talking!

dehors outside

déjà already

    c'est déjà ça! that much is done anyway!

le déjeuner lunch

    le petit déjeuner breakfast

délicieux (-euse) delicious

demain tomorrow

    à demain see you tomorrow

demander to ask (for)

*se demander to wonder

démarrer to start

la demi-heure half an hour

le demi-tour half turn

    faire demi-tour to turn around

la demie half

la dent tooth

    montrer les dents to snarl

le départ departure, start

*se dépêcher to hurry

dépenser to spend

déprimé depressed

depuis since

depuis longtemps for a long time

dernier (-ière) last

derrière behind

des of the, some

désagréable unpleasant

*descendre to go down

le désert desert

désespéré desperate

désirer to wish

désolé very sorry

dessus above

    là-dessus on that

la destination destination

    à destination de . . . for . . .

le détail detail

détester to detest

le détective detective

deux two

    tous les deux both of them/of you/of us

deuxième second

devant ahead, in front of

devenir (devenu) to become

deviens *from* devenir

devoir (dû) to owe, must

Dieu God

le dieu god

la différence difference

difficile difficult

la difficulté difficulty, trouble

dîner to eat dinner

dire (dit) to say

directement directly

dis *from* dire

discuter to argue

disparaître (disparu) to disappear

la disposition disposal

le disque record

la distance distance

distribuer to deal

dit *from* dire

dites *from* dire

dix ten

dixième tenth

dix-huit eighteen

dix-huitième eighteenth

dix-neuf nineteen

dix-neuvième nineteenth

dix-sept seventeen

dix-septième seventeenth

la dizaine ten (count)

le document document

le doigt finger

dois *from* devoir

doit *from* devoir

le dollar dollar

le dommage damage

    c'est dommage! it's a pity!

donc therefore

donner to give

dormir to sleep

le dos back

la douane customs

le **douanier** customs employee
le **double** double
le **doute** doubt
   doux (douce) mild, soft
   douze twelve
   douzième twelfth
la **drogue** drug
   droit straight
le **droit** right
la **droite** right side
      à droite to the right
   drôle funny
   du of the, some, from the
   dur hard, tough
la **durée** duration
   durer to last

E

l'**eau (f)** water
l'**échange (m)** exchange
*****s'échapper** to escape
   écoute! listen!
   écouter to listen (to)
   écrire (écrit) to write
   écrire à la machine to type
   écrivez! write! *from* écrire
l'**effort (m)** effort
   également equally, also
l'**église (f)** church
   eh bien! well!
   élégant elegant
l'**éléphant (m)** elephant
   elle she
   elles they
   éloigné far off
l'**embarquement (m)** boarding
   embarrassé embarrassed
   embrasser to kiss
   emmener to take along
l'**employé (m)** employee
   emporter to carry along
   en in, of it, for it
   en effet indeed
   enceinte pregnant
   enchanté delighted
   encore still, again
   énerver to annoy
l'**enfant (m** *ou* **f)** child
   enfermer to shut in
   enfin at last
      mais enfin but then
*****s'enfuir** to run away

l'**engagement (m)** contract
   enlever to take out/off
   ennuyé worried
l'**enregistrement (m)** check-in counter, registration
   ensemble together
   ensuite next
   entendez *from* entendre
   entendre (entendu) to hear
   entendu agreed, *from* entendre
   enthousiaste enthusiastic
   entièrement entirely
   entre between
*****entrer** to go in
l'**enveloppe (f)** envelope
   envier to envy
   envoyer to send
l'**épaule** shoulder
l'**épisode (m)** episode
l'**épouse (f)** wife
l'**équilibre (m)** balance
l'**équipe (f)** team
l'**erreur (f)** mistake
   es *from* être
l'**escalier (m)** stairs
l'**escroc (m)** crook
   espérer to hope
l'**espoir (m)** hope
   essayer to try
l'**essence** gasoline
   est *from* être
l'**est (m)** East
   et and
l'**étage (m)** floor
   était was, *from* être
   et cetera etc.
   êtes *from* être
   étiez were, *from* être
   étions were, *from* être
   étonner to astonish, to surprise
   étrange strange
l'**étranger (m)** stranger
   être (été) to be
   étudier to study
l'**Europe (f)** Europe
   eux them
   évidemment obviously
   évident obvious
   éviter to avoid
   évoquer to call forth
   exact accurate, correct
   exactement exactly
   examiner to examine

exaspéré exasperated
excédé out of patience
excellent excellent
exceptionnel (-elle) exceptional
excuser to excuse
l'exemple (m) example
    par exemple for example
exister to exist
expédier to ship
l'expédition (f) expedition
l'expert (m) expert
expliquer to explain
exporter to export
exprès intentionally
    faire exprès to do on purpose
extraordinaire extraordinary
extrêmement extremely

F

la face face
    en face de across from, facing
facile easy
facilement easily
faiblement weakly
faire (fait) to do, to make
    faire chaud to be warm (weather)
    faire un bon dîner to eat a good dinner
fais *from* faire
fait *from* faire
    ça ne fait rien it does not matter
le fait fact
    au fait by the way
falloir (fallu) to be necessary
la famille family
fantastique fantastic
fatigué tired
fatiguer to wear out
le faubourg suburb
le faussaire counterfeiter
faut must, is necessary, *from* falloir
la faute fault
    sans faute without fail
le fauteuil armchair
faux (fausse) false
le faux counterfeit object
la félicitation congratulation
la femme woman, wife
la fenêtre window
le fer iron
fermer to close
la feuille leaf, sheet
le fiancé fiancé

la fiche form, card
fichu darned, done for
fier (fière) proud
la figurine figurine, statuette
filer to scram
la fille girl
la fin end
la finance finance
financer to finance
financier (-ière) financial
fini *from* finir
    c'est fini it's over
finir to finish
le flic cop
la fois time
    encore une fois once more
    cette fois-ci this time
la folie madness
folle *see* fou
foncé dark (*colored*)
le fonctionnaire government employee
le fond back
    au fond de at the bottom of
former to form
formidable terrific
fort strong
la fortune fortune
fou (folle) crazy
le fou madman
la fouille dig, digging
fouiller to dig for, to search
la foule crowd
fragile fragile
frais (fraîche) fresh
les frais (m) expenses
franc (-che) frank
le franc franc
français French
le Français Frenchman
franchement frankly
frapper to knock
la frontière border
furieux (-euse) furious

G

gaga doddering
gagner to gain, to win
gai cheerful
la galerie gallery
la garantie guarantee
le garçon boy, young man
le garçon de café waiter

garder to keep
la gauche left
    à gauche to the left
le gâteau cake
    ce n'est pas du gâteau it isn't easy
le général general
  généreux (-euse) generous
  génial genial
le génie genius
le genou knee
les gens (m) people
le geste gesture
  gentil (-ille) nice, kind
la glace ice
la gorge throat
le goût taste
la grâce grace
  grand large, big, great
  grave serious
  gravement gravely
la grille iron bars, iron bar gate/door
  gris grey
  grogner to grumble
  gros (grosse) big, heavy
la gueule mouth, mug
    ta gueule! (*vulgaire*) shut up!
la guitare guitar
le guide guide

H

habiter to live
Halte! Stop!
le haricot bean
le hasard chance
  haut high
    en haut upstairs
    là-haut up there
le haut-parleur loud-speaker
l'hélicoptère (m) helicopter
le héros hero
  hésiter to hesitate
l'heure (f) hour, o'clock
    à l'heure on time
    c'est l'heure de . . . it's time to . . .
  heureux (-euse) happy, fortunate
  hier yesterday
l'histoire (f) story
l'homme man
l'homme d'affaires businessman
  honnête honest
l'honneur (m) honor
  honorer to honor

l'hôpital (m) hospital
l'hôtel (m) hotel
l'hôtesse (f) hostess, stewardess
l'huile oil
  huit eight
  huitième eighth
l'humeur (f) mood
l'humour (m) humor

I

  ici here
    par ici this way
  idéal ideal
l'idée (f) idea
l'identité (f) identification, identity
    les papiers d'identité identification papers
  idiot stupid
l'idiot (m) idiot
  il it, he
    il y a there is, . . . ago
l'île (f) island
  illégal illegal
  ils they
  imbécile stupid
l'imbécile (m *ou* f) imbecile, fool
l'immigration (f) immigration
  immobile still
  impatient impatient
  imperturbable unperturbed
l'importance (f) importance
    ça n'a pas d'importance it does not matter
  important important
  importer to import
  impossible impossible
  inattendu unexpected
  incrédule unbelieving
  indiscret (-ète) indiscreet
  infidèle unfaithful
l'infirmière (f) nurse
  innocent innocent
  inquiet (-iète) worried, restless
  insister to insist
l'inspecteur (m) inspector
l'instant (m) moment
  instinctivement instinctively
l'instrument (m) instrument
  intact intact
  intelligent smart
  interdit forbidden
  intéressant interesting
l'intérêt (m) interest
l'intérieur (m) inside

international international
interroger to question
intervenir (intervenu) to intervene
intriguer to puzzle
l'investissement (m) investment
invisible invisible
l'invité (m) guest
inviter to invite

J

j' see je
jaloux (-ouse) jealous
le jardin garden
jaune yellow
je, j' I
la jeep jeep
jeter to throw
jeune young
joli pretty
la joue cheek
jouer to play
le jour day
le journal newspaper
jovial cheerful
la jungle jungle
juste fair, right, just
justement precisely

K

le kilo kilogram
le kilomètre kilometer

L

l' see le, la
la the, her, it
là there
là-bas over there
là-dedans in there
là-dessus on that
là-haut up there
la laine wool
laisser to leave, to let
le lait milk
lancer to throw
le lapin rabbit
le the, him, it
légal legitimate, legal
lentement slowly
les the, them

la lettre letter
leur their
la leur theirs
*se lever to get up
la liberté freedom
en liberté free, loose
le libraire bookstore keeper
libre free
la licence permit
le lieu place
le lieutenant lieutenant
la ligne line
la ligne aérienne airline
la limite limit
lire (lu) to read
la liste list
lit from lire
le lit bed
la livre pound
le livre book
local local
la location renting
logique logical
loin far
long (-gue) long
le long de along
longtemps a long time
louer to rent
lourd heavy
lourdement heavily
lui him, he
la lumière light
la lune moon

M

ma my
la machine à écrire typewriter
Madame Madam, Mrs. —
Mademoiselle Miss
le magasin store
magnifique magnificent
maigre meager
la main hand
maintenant now
la mairie town hall
la maison house
à la maison home, at home
mal bad, badly
le mal hurt, ache
avoir mal to hurt
avoir mal au genou to have a sore knee
malade sick

la malchance bad luck
malheureusement unfortunately
malin smart
la manche sleeve
le mandat warrant
manger to eat
le manque lack
manquer to miss
manuel (-elle) hand operated
le marchand merchant
le marchand de journaux newspaper vendor
le marché market
marcher to work, to operate, to run, to go along
le mari husband
marié married
le masque mask
le matin morning
mauvais bad, poor
le maximum maximum
maya Mayan
le médecin doctor
meilleur better
le membre member
même same, -self
mener to lead
le mensonge lie
le menteur liar
mentir to lie
le menton chin
la mer sea
merci thank you
la merveille marvel
merveilleux (-euse) marvelous
mes my
le message message
le mètre meter
mets from mettre
mettre (mis) to put on, to put, to place
le métier job, trade, line of work, profession
mexicain Mexican
le Mexique Mexico
le mien mine
la mienne mine
mieux better
aimer mieux to prefer
le milieu middle
mille (one) thousand
le millier thousand
le million million
la mine mine
le minimum minimum
la minute minute
le miroir mirror

misérable miserable
la mission mission
la mitrailleuse machine gun
la mode fashion
à la mode fashionable
moi me, I
à moi mine
chez moi at my house
moins less
au moins at least
le mois month
la moitié half
à moitié mort half dead
le moment moment
en ce moment right now
ce n'est pas le moment it isn't the right time
mon my
le monde world
tout ce monde all these people
tout le monde everybody
du monde some people
la monnaie change
Monsieur Sir, Mr. —
la montagne mountain
*monter to go up
le moral morale
le morceau piece
mort dead
le mot word
le moteur engine
*mourir (mort) to die
la moustache moustache
le mouton sheep
le mouvement movement
moyen (-enne) average
le moyen way
le mur wall
le musée museum
le musicien musician
la musique music
mystérieux (-euse) mysterious

N

n' see ne
n'est-ce pas? isn't it? aren't they? don't you?
naïf (naïve) naive
la naissance birth
la nana (argot) jeune fille, femme
national national
naturellement naturally, of course
ne . . . pas, n' . . . pas not

nerveux (-euse) nervous
nettoyer to clean
neuf nine
Neuilly-sur-Seine *fashionable suburb of Paris*
neuvième ninth
le nez nose
    piquer du nez to nose-dive
ni . . . ni . . . neither . . . nor . . .
noir black
le nom name
non no
le nord North
normal normal
la note note
noter to write down
notre our
le nôtre ours
la nôtre ours
nous we, us
    à nous ours
nouveau (-elle) new
    de nouveau again
la nouvelle piece of news
les nouvelles (f) news
le nuage cloud
la nuance nuance
la nuit night
la nuit blanche sleepless night
le numéro number
la nuque nape

O

l'objection (f) objection
l'objet (m) object
l'objet d'art art piece, artifact
obstiné stubborn
occidental western
occupé busy
*s'occuper de to take care of
l'odeur (f) smell
l'oeil (pl = yeux) (m) eye
offert *from* offrir
officiel (-ielle) official
l'officier (m) officer
offrir (offert) to offer
on one, we
onze eleven
onzième eleventh
l'opération (f) operation
optimiste optimist
l'or (m) gold
l'ordre (m) order

à vos ordres at your command
l'oreiller (m) pillow
organiser to organize
l'ornement (m) ornament
oser to dare
ou or
où where
oublier to forget
l'ouest (m) West
oui yes
ouvrir (ouvert) to open
    Il faut bien ouvrir l'oeil. Keep your eyes open.

P

la page page
paie *from* payer
le palmier palm tree
la panique panic
paniquer to panic
la panne breakdown
    *tomber en panne to break down
la panne d'huile oil pressure trouble
le pantalon trousers
le papier paper
les papiers (m) identification papers
le paquet package
le paquet de cartes deck of cards
par by
par ici this way
parce que because
pardon excuse me
pareil (-eille) same, such a . . .
parfait perfect
parfaitement perfectly
parler to talk, to speak
    vous parlez de. . . . talk about. . . .
la parole speech
parole d'honneur word of honor
pars *from* partir
part *from* partir
la part share
    à part ça beyond that, except for that
    de la part de from, on behalf of
la partie part, game
    faire une partie to play a game
*partir to leave, to go off, to come off
partout everywhere
pas not
pas de not any, no
pas du tout not at all
le pas step

le **passager** passenger
le **passeport** passport
  passer to spend
  *****passer** to pass, to go by
*****se passer** to happen
la **passion** passion
  passionnant fascinating
et **patati et patata** bla, bla, bla; so on and so forth
la **patience** patience
le **patron** boss
la **patronne** landlady
la **patrouille** patrol
la **patte** leg
  pauvre poor
  payer to pay
le **pays** country
la **peine** grief
  pendant during, for
  penser to think
  perdre (perdu) to lose
    perdre connaissance to faint
  perds *from* perdre
le **père** father
  permettez *from* permettre
    vous permettez? do you mind?
  permettre (permis) to allow
la **permission** permission
le **personnage** character
  personne nobody
la **personne** person
  personnel (-elle) personal
la **perte** loss
  petit small
  peu little
    un peu de a little of
la **peur** fright
    avoir peur to be scared
  peut-être perhaps
  peux *from* pouvoir
la **phrase** sentence
la **pièce** piece, item
le **pied** foot
    à pied on foot
la **pierre** stone
le **pilote** pilot
  piloter to pilot
  piquer to prick
  piquer du nez to nose-dive
la **pitié** compassion
la **place** (town) square, place, seat, job
    de la place room, space
    sur place on the spot
le **plafond** ceiling
la **plage** beach

  plaire (plu) to please
le **plaisir** pleasure
  plaît *from* plaire
    elle vous plaît? do you like it?
    s'il te/vous plaît please
le **plan** plan
le **plat** dish
  plein full
    en plein(e) . . . right in the middle of . . .
  pleurer to cry
la **pluie** rain
la **plume** pen
  plus more
    en plus moreover
    ne . . . plus no . . . more
  plusieurs several
  plutôt rather
le **pneu** tire
la **poche** pocket
la **police** police
le **policier** policeman
  poliment politely
la **pompe à huile** oil pump
la **porte** door
  porter to carry, to wear
le **porteur** porter
la **portière** car door
  poser to put down
    poser une question to ask a question
  possible possible
la **poste** post office
le **poste** post
la **poterie** pottery
la **poule** hen
  pour for, in order to
le **pourboire** tip
  pourquoi why
la **poursuite** pursuit, chase
  pousser to push
la **poussière** dust
  pouvez *from* pouvoir
  pouvoir (pu) to be able to
  pratique practical
  précisément precisely
  préférer to prefer
  premier (-ère) first
  prend *from* prendre
  prendre (pris) to take
  prends *from* prendre
  prenez *from* prendre
  prenons *from* prendre
  près de near
  pressé in a rush
la **pression** pressure

presque almost
prêt ready
prétendre (prétendu) to pretend
prêter to lend
la preuve proof
prier to pray, to ask
    je vous/te prie please
    je vous/t'en prie please do
principal main
le principe principle
    en principe theoretically
la prison jail
le prisonnier prisoner
privé private
le prix price
probablement probably
le problème problem
prochain next
le professeur professor
la profession profession, trade, line of work
profond deep
le projet plan
la promenade leisurely walk
    faire une promenade to take a walk
*se promener to walk around
la promesse promise
promettre (promis) to promise
la proposition proposal, offer
le propriétaire owner
la protestation protest
la Providence Providence
la publication publication
puis then
la pyramide pyramid

Q

qu' *see* que
qu'est-ce que what
    qu'est-ce qu'il y a? what's the matter?
    qu'est-ce qui se passe? what's happening?
    qu'est-ce que tu as? what's the matter with
       you?
la qualité quality
quand when
la quantité quantity
quarante forty
le quart quarter, fifteen minutes
le quartier neighborhood, area
le Quartier Latin Latin Quarter, *left bank University sity area*
quatorze fourteen
quatorzième fourteenth

quatre four
quatrième fourth
que what, that
quel (quelle) what
quelqu'un someone, somebody
quelque part somewhere
quelque chose something
quelques some, a few
la question question
qui who, whom
quinze fifteen
quinzième fifteenth
quitter to leave
quittez *from* quitter
    ne quittez pas! hold the line!
quoi what

R

raccrocher to hang up the phone
raconter to tell, to talk about
la radio radio
la rage rage
la raison reason
    avoir raison to be right
ralentir to slow down
rapidement rapidly
rappeler to call back
rapporter to bring back
rare rare
raser to shave
le rasoir razor
le raté misfire
réagir to react
la réception registration desk
le réceptionniste registration clerk
la recette recipe
recevoir (reçu) to receive
la recherche research
rechercher to search for
reçois *from* recevoir
reçoit *from* recevoir
recommencer to start again/over
reconnaître (reconnu) to recognize
le reçu receipt
refermer to close again
réfléchir to think
refuser to refuse
le régal treat
le regard look
regarder to look (at)
    ça vous regarde it's your business
la région region

le règlement rule
le regret regret
  regretter to regret
  rejoindre (rejoint) to rejoin
  rejoint *from* rejoindre
  remercier (de) to thank (for)
  *****remonter** to go back up
  remplacer to replace
  remplir to fill out/up
  rencontrer to meet
  rendez *from* rendre
le rendez-vous appointment, date
      Rendez-vous à 5 heures du soir! Let's meet at 5 in the evening!
  rendre (rendu) to give back
  rends *from* rendre
    tu te rends compte? do you realize?
  *****rentrer** to go back in
  réparer to repair
  *****repartir** to start again
  répéter to repeat
  répondre (répondu) to answer
la réponse answer
le repos rest
  reprendre (repris) to pick up again, to regain
  reprendre la route to start again on the road
  représenter to represent
  républicain republican
la réputation reputation
la réservation reservation
  réserver to reserve
  respecter to respect
la résidence residence
le restaurant restaurant
le reste remainder, rest
  *****rester** to stay
  rétablir to resume
le retard delay
    en retard late
  retirer to withdraw
  *****retomber** to fall back down
le retour return
    être de retour to be back
  *****retourner** to return
*****se retourner** to turn around
  retrouver to find again
  réussir to succeed
  réveiller to wake up
  *****revenir (revenu)** to come back
  reviens *from* revenir
  revoir (revu) to see again
    au revoir goodbye
le révolver revolver
la revue magazine

riche rich
le rideau curtain
  ridicule ridiculous
  rien nothing
      de rien! think nothing of it! you're welcome!
  rire (ri) to laugh
le risque risk
  rit *from* rire
la rivière river
la robe dress
le roi king
  romantique romantic
  rond round
  rouge red
  rouler to roll, to drive
la route road
    en route! let's go! on your way!
la rue street
la ruine ruin

S

  s' *see* si *or* se
  sa his, her, its
le sable sand
  sacré darned
  saigner to bleed
  sais *from* savoir
  Saint-Germain-des-Prés *area of Paris, next to the Latin Quarter*
la saison season
  sale dirty
  salir to soil
la salle room
la salle d'attente waiting room
le salon living room
le salon de coiffure beauty parlor
le salopard swine (!), skunk
  saluer to salute
le sang blood
    bon sang! hang it!
  sans without
  sauter to jump
  sauver to save
  savent *from* savoir
  savez *from* savoir
  savoir (su) to know
le savon soap
la scène scene
  sec (sèche) dry
le second assistant
la seconde second

le secours aid
    appeler au secour to call for help
le secret secret
la Seine *river that flows through Paris*
seize sixteen
seizième sixteenth
le séjour stay
la semaine week
sens *from* sentir
le sens sense
sentir to feel
*se sentir to feel
sept seven
septembre September
sérieux (-ieuse) serious
sensationnel (-elle) sensational
le sentiment feeling
septième seventh
le sergent sergeant
serrer to tighten, to hold tight
serrer la main (de) to shake hands (with)
le service service
servir to serve
seul alone
seulement only
sévère severe, harsh
si yes
si, s' if, so
    s'il te/vous plaît please
le siège seat
le sien/la sienne his, hers
le signe sign
    faire signe to motion
le silence silence
simple simple
simplement simply
la situation position
six six
sixième sixth
la soeur sister
    la bonne soeur the nun
soigner to tend
soixante sixty
soixantième sixtieth
le soir evening
    ce soir tonight
le sol ground
le soldat soldier
le soleil sun
solide strong, solid
sombre somber
la somme amount, sum
sommes *from* être

son his, her, its
sonner to ring
sont *from* être
la Sorbonne *main building of the University of Paris*
sors *from* sortir
sors! come out! *from* sortir
la sortie exportation, exit
sortir to bring out
*sortir to go out
le souci worry
soucieux (-euse) worried
la soucoupe saucer
souffrant ailing
souhaiter to wish
la source source
sourd deaf
sourire (souri) to smile
la souris mouse
sous under
sous-signé undersigned
le souvenir souvenir
*se souvenir (souvenu) to remember
souvent often
souviens *from* se souvenir
la spécialité specialty
la statuette statuette
le stock stock
strict strict, stringent
le style style
le succès succes
le sucre sugar
le sud South
suffire (suffi) to suffice
suffit *from* suffire
    ça suffit that's enough
suis *from* être
suis *from* suivre
suit *from* suivre
la suite sequel
la suite au prochain numéro to be continued in the next issue
suivi *from* suivre
suivre (suivi) to follow
le supermarché supermarket
supplier to beg
supposer to suppose
sur on
sûr sure, safe
    bien sûr of course
sûrement surely
surprendre (surpris) to surprise
surpris surprised, *from* surprendre

surtout especially
surveiller to watch
suspect suspicious
le **suspect** suspect
sympathique attractive

T

t' *see* te
ta your
la **table** table
du **tac au tac** tit for tat
la **tache** spot
*se **taire** to keep quiet
   tais-toi! be quiet! *from* se taire
le **tambour** drum
tant so much
tant pis! too bad!
taper to type
le **tapis** rug
tard late
le **tas** pile
la **tasse** cup
le **taureau** bull
la **taxe** tax
le **taxi** taxi
tchèque Czech
te, t' you
le **téléphone** telephone
téléphoner to phone, to call on the phone
la **téléphoniste** telephone operator
téléphonique (of the) telephone
tellement so much
la **température** temperature
le **temple** temple
le **temps** time
   à temps on time
   tout le temps all the time
tenez! here you are!
tenir (tenu) to hold
terminé over
terminer to end
le **terrain** terrain, ground
la **terrasse** terrace
la **terre** dirt
   à terre/par terre on the ground
terrible terrible
terriblement awfully
tes your
la **tête** head
Tiens! Well, well! Here!
le **tien/la tienne** yours

tirer to pull, to shoot
le **titre** title
toi you
   à toi yours
la **tombe** tomb
tomber to fall
toucher to receive, to touch
toujours always, still
le **tourisme** tourism
le **touriste** tourist
le **tournant** turn
tourner to turn
   bien tourner to work right
tous (toutes) all
tous les deux both
tout any, all, everything
   pas du tout not at all
tout à fait completely, quite
tout à l'heure after a while, a moment ago
   à tout à l'heure! see you later!
tout de même all the same
tout de suite immediately
tout le monde everybody
tout le temps all the time
toutes all, every
le **toutou** doggie
la **trace** mark, track
traditionnel traditional
le **trafic** traffic
trahir to betray
le **train** train
   être en train de to be (in the process of) . . .
      ing
le **train d'atterrissage** landing gear
tranquille quiet, unworried
   laisser tranquille to leave alone
tranquillement quietly
le **travail** work
travailler to work
à travers through
en travers crosswise
traverser to cross
treize thirteen
treizième thirteenth
très very
le **trésor** treasure
tricher to cheat
triomphant triumphant
triste sad
la **tristesse** sadness
trois three
troisième third
le **trombone** trombone

*se **tromper** to make a mistake
la **trompette** trumpet
  trop too, too much
  tropical tropical
le **trottoir** sidewalk
le **trou** hole
  trouver to find
  tu you
  tuer to kill
le **type** guy, type

U

un, une a, an, one
urgent urgent
  en urgent as an emergency
utile useful

V

va *from* aller
  ça va it's all right
  ça va bien it's fine
les **vacances (f)** vacation
la **vache** cow, pig (slang)
  vague vague
vais *from* aller
  je vais bien I am fine
valent *from* valoir
le **valet** jack
la **valeur** value
la **valise** suitcase
  valoir (valu) to be worth
vas *from* aller
  vas-y! go on!
  vas-y go (there)
le **vase** vase
le **vautour** vulture
le **vendeur** salesman
  vendre (vendu) to sell
  vends *from* vendre
*se **venger** to get revenge
 ***venir (venu)** to come
  venir de + infinitif (*passé récent*) to have just
  . . .ed (*recent past*)
le **vent** wind
  vérifier to check
  véritable true, actual
la **vérité** truth
la **vermine** vermin
le **verre** glass
  un verre a drink
  vers about, toward

la **veste** coat
les **vêtements (m)** clothes
  veut *from* vouloir
  veux *from* vouloir
  vexé provoked
  vibrer to vibrate
  vide empty
  vider to empty
la **vie** life
  en vie alive
  vieil *see* vieux
  vieille old, *see* vieux
    ma vieille old girl
  viennent *from* venir
  viens come, *from* venir
  vient *from* venir
  vieux (vieil, vieille) old
le **village** village
la **ville** town
  vingt twenty
  vingt-cinq twenty-five
  vingtième twentieth
le **visa** visa
le **visage** face
la **visite** visit
  visiter to visit
le **visiteur** visitor
  vite fast, quickly
la **vitesse** speed
  en vitesse quick!
  à toute vitesse at full speed
  vivez *from* vivre
  vivre (vécu) to live
  voici here is, here are
    le/la voici here it is
    les voici here they are
  voient *from* voir
  voilà here/there is, here/there are
    voilà tout that's all
  voir (vu) to see
  vois *from* voir
le **voisin** neighbor
la **voiture** car
la **voix** voice
le **vol** theft, flight
le **volant** steering wheel
  voler to fly
le **voleur** thief
  vont *from* aller
  vos your
  votre your
    le/la vôtre yours
  voulez *from* vouloir
    vous voulez bien? you don't mind, do you?

vouloir (voulu) to want
vouloir bien to be willing
vouloir dire to mean
voulons *from* vouloir
vous you
le voyage travel, trip
voyager to travel
voyez *from* voir
voyons! let's see! *from* voir
vrai true, real
vraiment really, truly
la vue view

W

le whisky whiskey

Y

y there
   ça y est that's it
   il y a there is, there are
les yeux (m) eyes, *see* oeil
le Yucatan Yucatan peninsula

Z

le zèbre zebra
la zébrure wavy stripe
zéro zero